ulmer

Anja Donnermeyer

GLUTENFREIER GENUSS AUF VORRAT

Nudeln, Knäckebrot, Müsliriegel & haltbare Gerichte selber machen

INHALT

VORWORT

Gesunde, abwechslungsreiche Familienküche, am besten schnell und unkompliziert zubereitet, ohne täglich einkaufen zu müssen und ohne viel Zeit am Herd zu verbringen? Das ist schon für die „normale" Familienküche eine Herausforderung. Damit es auch in der glutenfreien Familienküche gelingt, muss der Vorratsschrank etwas anders bestückt und das Rezeptrepertoire angepasst werden. Mit den entsprechend eingekauften Vorräten sind Sie auch glutenfrei immer gut vorbereitet. Rezepte aus dem Vorratsschrank erleichtern die glutenfreie Familienküche. Welche Zutaten in einem glutenfreien Vorratsschrank nicht fehlen sollten und welche konkreten Gerichte aus dem Vorratsschrank zubereitet werden können, finden Sie in diesem Rezeptbuch. Außerdem erfahren Sie, welche Teige Sie aus den Vorräten selbst herstellen können: von Frühstücksideen wie Brot, Brötchen und Knäckebrot über herzhaften Pizza- oder Nudelteig bis hin zu süßen Müsliriegeln, Kuchen oder Crackern. Außerdem gibt es Tipps zum Einkochen. Denn Eingekochtes lässt sich ideal auf Vorrat zubereiten, wenn Sie Zeit und Lust dazu haben: fruchtige Marmeladen und Obst, herzhaftes Gemüse und Chutneys, Saucen und Ketchup.

DIE BEVORRATUNG

Die Vorratshaltung war für frühere Generationen noch lebenswichtig, um in den Jahreszeiten versorgt zu sein, in denen im eigenen Garten oder im Handel entsprechende Angebote fehlten. In der modernen Gesellschaft haben wir uns daran gewöhnt, dass Lebensmittel jederzeit verfügbar sind. Durch aktuelle Themen wie schonender, wertschätzender Umgang mit Ressourcen und dem Wunsch nach vitaminreicher, saisonaler und regionaler Ernährung ohne Zusatzstoffe rückt die Bevorratung wieder in den Vordergrund und gewinnt an Bedeutung.

LEBEN AUF DEM LAND – BEVORRATUNG SEIT GENERATIONEN ÜBERLIEFERT

Auf dem Land aufgewachsen, kenne ich noch aus der Generation der Großeltern den Kartoffelkeller. Kellerräume, die statt einer Bodenplatte einen Sand-/Lehmboden hatten, mit einer großen Holzkiste für Kartoffeln ausgestattet und voller Holzregale für Einmachgläser. Schön kühl und dunkel, mit hoher Luftfeuchtigkeit, konnten hier Vorräte über Jahre sehr gut gelagert werden. Auch heute sind kühle, dunkle Keller ein idealer Ort zur Aufbewahrung von eingemachten Lebensmitteln, für erntefrische Lebensmittel sind sie wegen der geringen Luftfeuchtigkeit jedoch meist nicht mehr gut geeignet. Häufig steht auch kein Keller zur Verfügung und es müssen Alternativen zur Lagerung gefunden werden.

KONSERVIERTE LEBENSMITTEL

Konservierte Lebensmittel vertragen grundsätzlich auch einen wärmeren dunklen Ort als den früheren Vorratskeller, allerdings muss dann eine verkürzte Haltbarkeitsdauer in Kauf genommen werden. Aber da heute nicht mehr wie in Zeiten früherer Generationen große Mengen Lebensmittel mehrere Jahre bevorratet werden müssen, sollte das kein Problem sein. Bei der Konservierung geht es heute eher darum, saisonale Produkte auch zu einem späteren Zeitpunkt im Jahr genießen zu können.

LAGERFÄHIGE LEBENSMITTEL

Lagerfähige Lebensmittel wie Kartoffeln und Zwiebeln sind empfindlicher als konservierte Lebensmittel. Im Kühlschrank ist es ihnen zu kalt, im Sommer treiben sie bei zu warmem Wetter aus. Lässt sich kein kühler, dunkler Ort in der Wohnung finden, kann ein Klimaschrank mit Kellertemperatur bzw. ein Kühlschrank mit integriertem Kellerfach eine Alternative sein. Ebenfalls können ein belüfteter Vorratsschrank in einem kühleren Raum, aber auch Frühbeete im Garten oder Erdgruben mit einer Tiefe von etwa 50 Zentimeter mit passender Auskleidung durch Sand und Stroh zur Lagerung von frisch geerntetem Wurzel- oder Knollengemüse genutzt werden. Fehlt die passende Lagermöglichkeit, sollte der Vorrat nicht zu groß angelegt und schneller verzehrt werden.

DER GLUTENFREIE VORRATSSCHRANK

Mit einer soliden Grundausstattung im glutenfreien Vorratsschrank sind wir bestens vorbereitet und können uns für jede Gelegenheit etwas Leckeres zaubern. Egal, ob zur Brot- oder Hauptmahlzeit, für die Kuchentafel oder das Salatbuffet, ob Snacks oder Geschenkideen als Mitbringsel.

WAS IM VORRATSSCHRANK NICHT FEHLEN SOLLTE

Mit diesen Grundzutaten lassen sich viele Rezepte zu allen Gelegenheiten aus dem Vorratsschrank zubereiten. Variieren und ergänzen Sie Ihren Vorratsschrank nach Ihren Vorlieben.

TIPP

Bei glutenfreiem Getreide sollte nicht nur die Zutat glutenfrei sein, sondern auch der Herstellungsprozess. Wird glutenfreies Getreide in den gleichen Lagerstätten oder Produktionsanlagen verarbeitet wie glutenhaltiges Mehl, besteht ein großes Risiko der Verunreinigung.
Hafer ist ein Sonderfall in der glutenfreien Ernährung. Handelsüblicher Hafer gilt bei Zöliakie nicht als glutenfrei, da er sowohl beim Anbau als auch beim Transport Kreuzkontamination ausgesetzt sein kann. In der glutenfreien Ernährung sollte daher nur ausdrücklich als glutenfrei deklarierter Hafer verwendet und verzehrt werden.

Mehle / Getreide:

- Reismehl
- Maismehl
- Kartoffelmehl
- Hafermehl
- Buchweizenmehl
- Leinsamenmehl
- anderes glutenfreies Mehl nach Wunsch, z. B. Teffmehl, Mandel- oder Kichererbsenmehl
- gemahlene Flohsamenschalen
- Guarkernmehl (oder anderes Bindemittel wie Xanathan)
- glutenfreie Mehlmischung
- Quinoa
- Hirse
- Haferflocken
- Paniermehl

Beilagen:

- Reis
- Kartoffeln
- Nudel-Varianten (oder Zutaten zur eigenen Herstellung, Rezepte S. 29)
- Lasagneplatten (oder Zutaten zur eigenen Herstellung, Rezepte S. 33)
- Gnocchi (oder Zutaten zur eigenen Herstellung, Rezepte S. 31)
- weitere nach Wunsch, z. B. Polenta

Basisgewürze & Backzutaten:

- Salz
- Pfeffer
- Paprikapulver
- Muskatnuss
- Curry
- Kurkuma
- Zimt
- Zucker
- Puderzucker
- Honig
- Knoblauch (frisch)
- Brühe
- Ingwer (frisch)
- Essig (Balsamicoessig, Apfelessig)
- Senf
- Mayonnaise
- Tomatenmark
- weitere Gewürze nach Wunsch
- Backpulver
- Hefe
- Schokoladenkuvertüre

Hülsenfrüchte:

- Erbsen
- Mais
- Kidneybohnen
- Linsen
- Kichererbsen
- grüne Bohnen

Lagerfähiges Gemüse:

- Möhren
- Süßkartoffeln
- weiteres Gemüse, je nach Lagerbedingungen und Wunsch (z. B. Sellerie, Kürbis, Kohl, Kohlrabi)
- Zwiebeln (weiße und rote)
- konserviertes Gemüse aus dem Handel, z. B. Tomaten (gehackt / passiert), Champignons, Oliven, Gewürzgurken
- selbst eingelegtes Gemüse nach Wunsch

ROTE LINSEN
VOLLKORN
REISMEHL
BUCHWEIZEN
MEHL
QUINOA
LEINSAMEN
SESAM
GLUTENFREIE
MEHLMISCHUNG
MAISMEHL
HAFERFLOCKEN

Lagerfähiges Obst & Fruchtprodukte:

- Äpfel (je nach Wunsch und Lagerbedingungen weitere Früchte, z. B. Birnen und Quitten)
- Fruchtmus (z. B. Apfelmus)
- Getrocknete Früchte, z. B. Rosinen, Datteln, Cranberrys
- Konservierte Früchte aus dem Handel: z. B. Mandarinen, Kirschen
- Kokosmilch
- Marmelade (auch selbstgemachte nach eigenen Geschmacksvorlieben)
- selbst eingelegte Früchte nach Wunsch
- Zitronensaft oder Zitronensaftkonzentrat

Ölsaaten und Samen:

- Leinsamen (ganz / geschrotet)
- Sonnenblumenkerne
- Kürbiskerne
- Mandeln (gemahlen / gehackt)
- Nüsse (gemahlen)
- Sesam
- Amaranth (gepufft)
- weitere nach Geschmacksvorlieben
- Müsli (oder Zutaten für die eigene Herstellung, siehe Rezept Seite 25)

Kräuter nach Vorliebe, idealerweise frisch aus Eigenanbau statt getrocknet, z. B.:

- Schnittlauch
- Petersilie
- Basilikum
- Rosmarin
- Dill
- Minze
- Rosmarin
- Liebstöckel
- Majoran
- Oregano
- Koriander
- Kreuzkümmel

Milchprodukte und Eier:

- Sahne
- Milch
- Schmand
- gezuckerte Kondensmilch
- Eier

Fette und Öle:

- Pflanzenöl (z. B. Olivenöl)
- Butter

Lagerfähige Fleisch- & Fischprodukte aus dem Handel, z. B.:

- Bockwürstchen
- Dauerwurst
- Thunfisch

Dessert:

- Milchreis
- Vanillepuddingpulver (zum Kochen)

Zusätzlich:

- selbst eingekochte Saucen, Suppen und Mahlzeiten nach Wunsch

FRÜHSTÜCKS-BACKWAREN

KÖRNER- ODER LANDBROT

Variantenreicher Klassiker ohne Brotbackform

Für 1 Brot

- 150 g Reismehl
- 50 g Hafermehl
- 100 g Kartoffelmehl
- 10 g Guarkernmehl
- 1 TL Salz
- 1 EL Apfelessig
- 20 ml Pflanzenöl
- 300 ml lauwarmes Wasser
- 1 Päckchen Trockenhefe
- 3 EL Sonnenblumenkerne
- 2 EL geschrotete Leinsamen

» Die Mehle und das Salz mischen, anschließend die flüssigen Zutaten und die Hefe dazugeben und alles miteinander verkneten. Zum Schluss die Sonnenblumenkerne und die Leinsamen untermischen.

» Den Teig zu einem ovalen Rundbrot formen und zugedeckt mindestens 45 Minuten gehen lassen.

» Wenn sich der Teig deutlich vergrößert hat, für 35 Minuten bei 200 °C (Ober- / Unterhitze) im vorgeheizten Backofen backen.

VARIANTEN: Statt Hafermehl kann auch ein anderes Mehl, zum Beispiel Buchweizenmehl, verwendet werden. Die Kerne und Samen können nach Wunsch ausgetauscht oder es kann ganz darauf verzichtet werden.

TIPP

Statt Guarkernmehl kann auch Xanathan verwendet werden.

- Zubereitungszeit: 60 Minuten
- Backzeit: 35 Minuten

BRÖTCHEN

Mit oder ohne Körner – we love it!

Für 6 Stück

- 75 g Kartoffelmehl
- 50 g Buchweizenmehl
- 100 g Reismehl
- 1 EL Xanathan (alternativ Guarkernmehl)
- 1 EL gemahlene Flohsamenschalen
- ½ TL Salz
- 10 ml Pflanzenöl
- 280 ml lauwarmes Wasser
- 1 Päckchen Trockenhefe

» Die Mehle mit Xanathan, Flohsamenschalen und Salz vermischen, anschließend die flüssigen Zutaten und die Hefe dazugeben und alles miteinander verkneten.

» Den Teig etwa 30 Minuten abgedeckt gehen lassen.

» Mit angefeuchteten Händen aus dem Teig portionsweise Brötchen formen, bei 200 °C (Ober- / Unterhitze) für 20 Minuten im vorgeheizten Backofen backen.

VARIANTEN: Statt Buchweizenmehl kann auch Leinsamenmehl verwendet werden. Für Körnerbrötchen einige Esslöffel der Lieblingskerne und -saaten untermischen, zum Beispiel 3 EL Sonnenblumenkerne und 2 EL geschrotete Leinsamen.

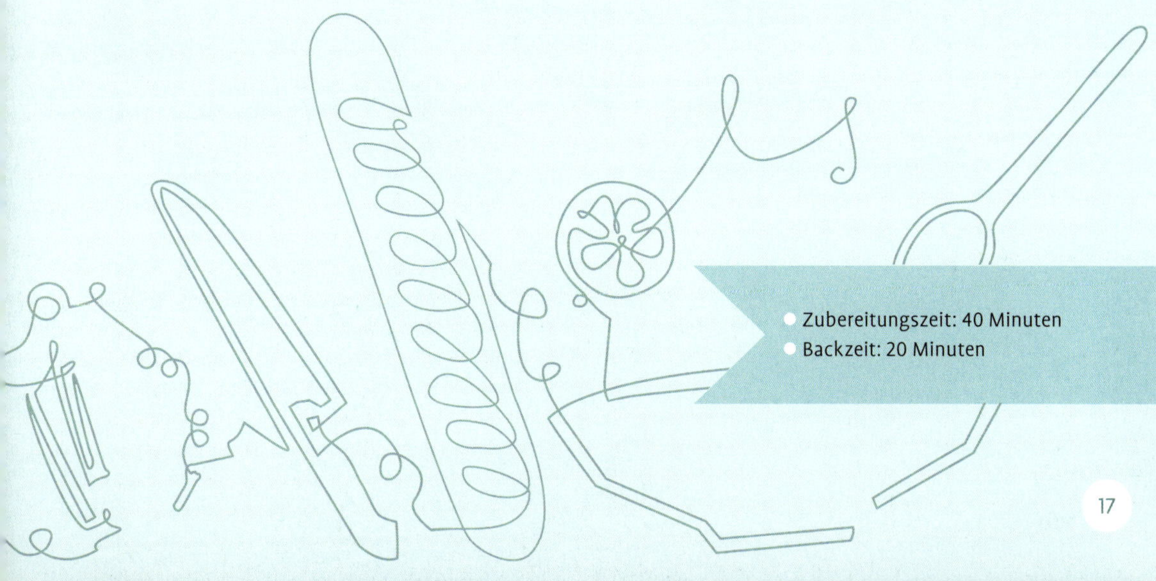

- Zubereitungszeit: 40 Minuten
- Backzeit: 20 Minuten

SAATENBROT

Herzhaft-körnig

Für 1 kleine Brotform (etwa 20 cm)

- 50 g Haferflocken
- 100 g Sonnenblumenkerne
- 50 g geschrotete Leinsamen
- 50 g gemahlene Mandeln
- 30 g Kürbiskerne
- 1 EL gemahlene Flohsamenschalen
- 1 TL Salz
- 230 ml Wasser
- 1 EL Apfelessig
- 2 EL Öl
- 1 EL Honig

» Die Haferflocken, Sonnenblumenkerne, Leinsamen, Mandeln, Kürbiskerne, Flohsamenschalen und Salz miteinander vermischen.

» Wasser, Apfelessig, Öl und Honig dazugeben, alles gut miteinander verkneten und etwa 30 Minuten abgedeckt ruhen lassen.

» Anschließend den Teig in eine ausgefettete (oder mit Backpapier ausgelegte) Kastenform füllen und etwa 50 Minuten im vorgeheizten Backofen bei 180 °C (Ober-/Unterhitze) backen.

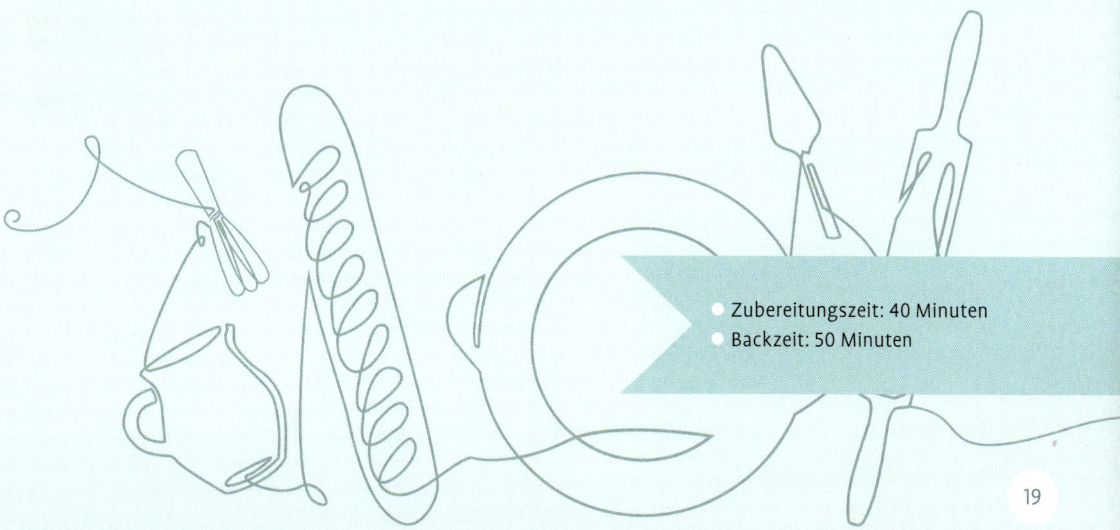

- Zubereitungszeit: 40 Minuten
- Backzeit: 50 Minuten

TIPP

Die Haferflocken als Porridge zubereiten. Dazu 50 g Haferflocken mit 400 ml Milch und einer Prise Salz einige Minuten köcheln, bis die gewünschte Konsistenz erreicht ist. Wahlweise mit Honig süßen und mit Leinsamen, Sonnenblumenkernen und Rosinen verfeinern oder mit Zimt und in dünnen Scheiben geschnittenen Äpfeln servieren.

Pancakes

PANCAKES

Ein fantastischer Start in den Tag

Für 8 Stück

- 100 g Hafermehl
- 100 g Haferflocken
- 350 ml Milch
- 2 Eier
- 1 TL Backpulver
- 1 Prise Salz
- 2 EL Zucker
- Pflanzenöl zum Ausbacken
- wahlweise einige EL Ahornsirup oder Honig

» Mehl, Haferflocken, Milch, Eier, Backpulver und Gewürze mit einem Schneebesen verrühren.

» Den Teig etwa 10 Minuten ruhen lassen, er dickt nach.

» Anschließend die Pancakes portionsweise in einer Pfanne im heißen Pflanzenöl ausbacken. Nach Wunsch mit Ahornsirup oder Honig garniert servieren.

ALTERNATIVE: Für Blaubeer-Pancakes jeweils frische Blaubeeren auf die portionierten Pancakes in der Pfanne geben.

Zubereitungszeit: 30 Minuten

PFANNENBROT

Ideal, wenn kein Backofen zur Verfügung steht

Für 8 Portionen

- 100 g Reismehl
- 50 g Buchweizenmehl
- 50 g Kartoffelmehl
- 1 Päckchen Trockenhefe
- 1 TL Salz
- 80 ml Milch (lauwarm)
- 80 ml Wasser
- 1 EL Apfelessig
- 1 EL Olivenöl
- 1 Prise Zucker
- Pflanzenöl zum Ausbacken
- 4 EL getrocknete Kräuter (z. B. Majoran und Oregano)

» Die Mehle mit dem Salz vermischen. Milch, Wasser, Essig, Olivenöl und Zucker dazugeben, alles gut verkneten.

» Teig etwa 1 Stunde abgedeckt ruhen und gehen lassen.

» Den Teig portionieren, jeweils ½ EL Kräuter unterkneten, zu einer Kugel formen, dann flach drücken (wahlweise ausrollen) und in einer Pfanne in heißem Pflanzenöl ausbacken.

» Wie eine klassische Brotmahlzeit belegen.

ALTERNATIVE: In der Pfanne mit Tomatenstückchen und geraspeltem Käse oder Mozzarellascheiben und Basilikum belegen und den Käse in der Pfanne schmelzen lassen.

Zubereitungszeit: 75 Minuten (mit Gehzeit)

Haferflocken-Knäckebrot

HAFERFLOCKEN-KNÄCKEBROT

Immer schnell weggeknabbert

Für ca. 10 Stück

- 50 g Haferflocken
- 75 g Sonnenblumenkerne
- 25 g Sesamsamen
- 25 g Leinsamen
- 25 g Kürbiskerne
- 1 Prise Salz
- 200 ml Wasser

» Alle Zutaten miteinander vermischen und etwa 10 Minuten ruhen lassen, der Teig dickt nach.

» Den Teig in rechteckiger Form (ca. 40 × 25 cm) auf ein Backblech streichen und im vorgeheizten Backofen 15 Minuten bei 160 °C (Ober- / Unterhitze) backen.

» Den Teig mit einem Messer in die gewünschte Knäckebrotgröße schneiden und weitere 40 Minuten im Backofen backen.

- Zubereitungszeit: 25 Minuten
- Backzeit: 55 Minuten

LEINSAMEN-KNÄCKEBROT

Schön dünn und knusprig

Für ca. 9 Stück

- 50 g Sonnenblumenkerne
- 30 g geschrotete Leinsamen
- 20 g Kürbiskerne
- 20 g Sesam
- 15 g Leinsamenmehl
- 125 ml Wasser

» Alle Zutaten miteinander vermischen und den Teig etwa 10 Minuten ruhen lassen, er dickt nach.

» Anschließend den Teig ganz dünn in quadratischer Form (ca. 30 × 30 cm) auf ein Backblech streichen und 15 Minuten im vorgeheizten Backofen bei 160 °C (Ober- / Unterhitze) backen.

» Den Teig mit einem Messer in die gewünschte Knäckebrotgröße schneiden und weitere 30 Minuten im Backofen backen.

- Zubereitungszeit: 25 Minuten
- Backzeit: 45 Minuten

TIPP

Schmeckt hervorragend mit Milch, Joghurt oder als Topping.

Knuspermüsli

KNUSPERMÜSLI

Ideal als Topping

Für 1 Vorratsdose (ca. 200 g)

- 100 g Haferflocken
- 30 g Sonnenblumenkerne
- 20 g geschrotete Leinsamen
- 50 g gehackte Mandeln
- 3 EL Pflanzenöl
- 2 EL Honig

» Haferflocken, Sonnenblumenkerne, Leinsamen und Mandeln vermischen.

» Pflanzenöl und Honig in einer Pfanne erhitzen, die Müslimischung darin rösten. Die Masse abkühlen lassen und in eine verschließbare Aufbewahrungsdose füllen.

VARIANTE: Wer mag, gibt eine Prise Zimt und einige Esslöffel Rosinen hinzu. Die Flocken, Kerne, Samen und Mandeln können auch ohne Rösten zu einem klassisches Frühstücksmüsli gemischt und bevorratet werden.

- Zubereitungszeit: 15 Minuten + Abkühlzeit

WOLKENBROT

Ein fluffiger Trend-Snack

Für 1 Brot

- 3 Eier
- 1 Prise Salz
- 30 g Zucker
- 10 g Maisstärke

» Die Eier trennen, nur das Eiweiß wird benötigt. Das Eiweiß mit dem Salz schaumig schlagen, die übrigen Zutaten hinzugeben und steif schlagen.

» Den Teig wolkig-fluffig (nicht verstreichen) auf ein mit Backpapier ausgelegtes Backblech geben und ca. 25 Minuten im vorgeheizten Backofen bei 150 °C (Ober- / Unterhitze) backen.

- Zubereitungszeit: 10 Minuten
- Backzeit: 25 Minuten

HERZHAFTE TEIGE FÜR PASTA, PIZZA & CO.

TIPP

Dazu eine Pastasauce aus dem Vorratsschrank (siehe Rezepte auf S. 62).

NUDELTEIG

Pasta schmeckt immer

Für 4 Portionen

350 g glutenfreie Fertigmehlmischung (oder eigene Mehlmischung, siehe Variante)
4 Eier
20 ml Olivenöl
1 Prise Salz

» Alle Zutaten zu einem Teig verkneten, in Folie einwickeln und etwa 20 Minuten bei Raumtemperatur ruhen lassen.

» Den Teig portionsweise in eine Nudelmaschine geben. Wer keine Nudelmaschine hat, kann den Teig sehr dünn ausrollen und mit einem Messer Nudeln herausschneiden.

» Die Nudeln etwa 1 Stunde trocknen, anschließend in kochendem Salzwasser etwa 6 Minuten garkochen.

VARIANTE: Nudelteig aus eigener Mehlmischung: 80 g Kartoffelmehl, 50 g Maisstärke, 80 g Reismehl, 40 g Buchweizenmehl, 1 gehäuften EL gemahlene Flohsamenschalen mischen und statt der Fertigmehlmischung verwenden. Der Teig ist elastisch, nicht klebrig und lässt sich super mit einer Nudelmaschine ausrollen.

HINWEIS: In der glutenfreien Küche kann die Teigbeschaffenheit immer ein wenig variieren (je nach verwendetem Mehl, Lagerdauer der Mehle oder Ei-Größen). Sollte der Teig zu feucht sein, kann etwas Reismehl hinzugegeben werden. Ist er zu trocken, einige Esslöffel Wasser dazugeben. Fehlt Elastizität, kann ein Ei hinzugegeben werden.

- Zubereitungszeit: ca. 2 Stunden

TIPP

Auch lecker mit Apfelmus aus dem Vorrat serviert oder mit frischen Blaubeeren belegt.

GNOCCHI

Handgemacht am besten

Für 2 Portionen

- 400 g Kartoffeln
- 75 g glutenfreie Mehlmischung
- 1 Ei
- Salz
- Muskatnuss, frisch gemahlen
- Pfeffer, frisch gemahlen

TIPP

Klebt der Teig beim Verkneten, dann etwas mehr Mehl hinzugeben.

» Kartoffeln mit Schale in Salzwasser garen. Danach pellen, durch eine Kartoffelpresse drücken oder alternativ mit einer sehr feinen Reibe raspeln und abkühlen lassen.

» Mehl, Ei, Salz, Muskatnuss und Pfeffer hinzugeben und alles verkneten. Den Teig halbieren und jeweils eine Rolle mit einem Durchmesser von etwa 2 cm formen.

» Die Teigrollen zu Gnocchi schneiden (etwa 3 cm lang). Die Gnocchi auf die Schnittkanten legen und mit einer Gabel ein Rillenmuster hineindrücken. Dann für etwa 2–3 Minuten in siedendes, nicht kochendes Salzwasser geben, bis sie an der Wasseroberfläche auftauchen.

Zubereitungszeit: ca. 70 Minuten

PFANNKUCHEN

Beliebt bei Klein und Groß

Für 4 Stück

- 150 g Reismehl
- 50 g Kartoffelmehl
- 1 TL Flohsamenschalen, gemahlen
- 1 TL Guarkernmehl (oder Xanthan)
- 1 Ei
- 180 ml Wasser mit Kohlensäure
- 180 ml Milch
- ¼ TL Salz
- 2 Äpfel
- Pflanzenöl zum Ausbacken
- 4 TL Zucker

» Die Mehle mit den Flohsamenschalen und dem Guarkernmehl mischen.

» Ei, Wasser, Milch und Salz hinzugeben, alles verrühren und 20 Minuten ruhen lassen, der Teig dickt nach.

» Die Äpfel schälen und in dünne Scheiben schneiden.

» Den Teig portionieren, in eine Pfanne mit heißem Öl geben, mit den Apfelscheiben belegen und ausbacken. Vor dem Servieren mit Zucker bestreuen.

Zubereitungszeit: 35 Minuten

TIPP

Nicht immer ist ausreichend Zeit für die Herstellung eigener Lasagneplatten vorhanden. Für den Fall, dass es ganz besonders schnell gehen muss, gibt es glutenfreie Lasagneplatten im Handel, mit der die Vorratskammer bestückt werden kann.

LASAGNEPLATTEN

Schicht für Schicht

Für 1 Auflaufform (4 Portionen)

- 175 g glutenfreie Fertigmehlmischung (oder eigene Mehlmischung, siehe Variante)
- 2 Eier
- 10 ml Olivenöl
- 1 Prise Salz

» Alle Zutaten zu einem Teig verkneten, in Folie wickeln und etwa 20 Minuten bei Raumtemperatur ruhen lassen.

» Den Teig mit einer Nudelmaschine sehr dünn plätten, alternativ mit einem Nudelholz ganz dünn ausrollen.

» Anschließend portionsweise in Platten zuschneiden.

VARIANTE: Für einen Nudelteig aus eigener Mehlmischung 40 g Kartoffelmehl, 25 g Maisstärke, 40 g Reismehl, 20 g Buchweizenmehl und 1 TL gemahlene Flohsamenschalen mischen.

REZEPT FÜR EINE RUCK-ZUCK LASAGNE: 400 g Hackfleisch (Bio-Qualität) und eine in Würfel geschnittene Zwiebel in etwas Pflanzenöl anbraten, mit 400 g passierten Tomaten und 100 ml Brühe ablöschen. 2 Möhren schälen, klein schneiden und hinzufügen, anschließend alles etwa 20 Minuten einkochen. Mit Salz, Pfeffer und Paprikapulver abschmecken. Anschließend die Lasagne in einer Auflaufform schichten: Zuerst etwas Sauce, dann eine Lage Lasagneplatten einschichten, in dieser Reihenfolge fortfahren und 3 Lagen Lasagneplatten einschichten, mit Sauce abschließen (die Teigmenge ergibt 3 Lagen Lasagneplatten in einer Auflaufform für 4 Portionen). 100 g Creme fraîche darüberstreichen, mit geraspeltem Käse bestreuen und etwa 20–25 Minuten im vorgeheizten Backofen bei 180 °C garen.

Zubereitungszeit: 35 Minuten

TIPP

Ricotta-Spinat-Füllung: Zwiebelwürfel in Pflanzenöl anschwitzen, Blattspinat waschen, hacken und hinzugeben. Mit Salz und Pfeffer würzen. Den abgekühlten Spinat mit Ricotta mischen und klecksweise auf die portionierten Ravioli geben. Statt Spinat können auch getrocknete Tomaten mit Ricotta vermengt werden oder Basilikum.

RAVIOLITEIG

Auch für Lasagneteig verwendbar

Für 4 Portionen

- 25 g Maisstärke
- 40 g Kartoffelmehl
- 40 g Reismehl
- 20 g Buchweizenmehl
- 1 TL gemahlene Flohsamenschalen
- 3 Eier
- 10 ml Olivenöl
- 1 Prise Salz
- Füllung nach Wunsch (siehe auch Tipp)

» Maisstärke, Mehle und Flohsamenschalen mischen, dann 2 Eier (1 Ei beiseitelegen) hinzugeben, danach Öl und Salz. Alles gut miteinander verkneten, in Folie wickeln und etwa 20 Minuten bei Raumtemperatur ruhen lassen. Anschließend mit einer Nudelmaschine sehr dünn ausrollen, alternativ mit einem Nudelholz.

» Das dritte Ei verquirlen. Dann den Teig mit runden Ausstechern (alternativ Gläsern) zu Kreisen portionieren. In die Mitte jeweils einen kleinen Klecks der Wunschfüllung geben, den Rand mit dem verquirlten Ei bestreichen, zuklappen und die Ränder fest aufeinanderdrücken.

» Die Ravioli etwa 6 Minuten in kochendem Salzwasser garen.

MIT SALBEIBUTTER AUS DEM VORRAT SERVIEREN:
Knoblauch schälen und durchpressen, in einer Pfanne in etwa 100 g Butter goldgelb andünsten, gerebelten Salbei hinzufügen, mit Salz und Pfeffer würzen. Die gefüllten und fertig gegarten Ravioli in der Pfanne in der Butter wenden. Nach Wunsch mit gerösteten Pinienkernen bestreut servieren.

Zubereitungszeit: 50 Minuten

TIPP

Belag aus dem Vorrat: 250 g Schmand mit wenig Salz, Pfeffer und Kräutern (zum Beispiel Petersilie und Schnittlauch) würzen und auf dem Teig verstreichen. 2 rote Zwiebeln schälen, in dünne Streifen schneiden, auf dem Schmand verteilen. **Belag Elsässer Art:** Den Teig mit 1 Becher Crème fraîche bestreichen und mit Schinkenwürfeln, Zwiebelringen und geriebenem Käse belegen.

Flammkuchen

PIZZABODEN

Lässt sich hervorragend ausrollen

Für 1 Backblech

- 80 g Reismehl
- 80 g Maismehl
- 80 g Kartoffelmehl
- 1 EL gemahlene Flohsamenschalen
- 1 TL Guarkernmehl (oder Xanathan)
- 1 TL Salz
- 2 EL Olivenöl
- 200 ml Wasser
- 1 Päckchen Trockenhefe

» Alle Zutaten miteinander verkneten.

» Den Teig auf Backblechgröße ausrollen und etwa 30–40 Minuten gehen lassen.

» Anschließend die Pizza nach Wunsch belegen und etwa 15 Minuten im vorgeheizten Backofen bei 200 °C (Ober-/Unterhitze) backen.

SCHNELLE PIZZA-TOMATENSAUCE AUS DEM VORRAT:
200 ml passierte Tomaten (oder gehackte Tomaten) mit 1 EL Olivenöl verrühren, mit Salz, Pfeffer sowie getrocknetem Majoran und Oregano abschmecken.

- Zubereitungszeit: 45 Minuten
- Backzeit: 15 Minuten

FLAMMKUCHEN

Schön dünn und herrlich knusprig

Für 2 Stück

- 125 g Hafermehl
- 75 ml Wasser
- 2 EL Pflanzenöl
- 1 Prise Salz

» Hafermehl, Wasser, Pflanzenöl und eine große Prise Salz zu einem Teig verkneten.

» Den Teig halbieren und auf einem Stück Backpapier jeweils dünn ausrollen.

» Die Flammkuchenteige nach Wunsch belegen (Vorschläge siehe Tippkasten) und im vorgeheizten Backofen 15 Minuten bei 180 °C (Ober-/Unterhitze) backen.

- Zubereitungszeit: 10 Minuten
- Backzeit: 15 Minuten

GERICHTE – WARME KÜCHE

» KARTOFFEL-GRUNDREZEPTE

Die Kartoffel ist sehr vielseitig und mit ihr im Vorratsschrank lassen sich viele abwechslungsreiche Gerichte zubereiten. Ob gebacken, gebraten, gekocht, püriert, geraspelt, gestampft, warm oder kalt: Die Kartoffel kann in allen Variationen glänzen. Sie ist auch ideal für alle, die sich gerne mit regionalen Produkten ernähren oder aber auch selbst Kartoffeln anbauen möchten.

- **Salzkartoffeln** (geschälte Kartoffeln in kochendem Salzwasser garen)
- **Stampfkartoffeln** (1 kg geschälte Kartoffeln in kochendem Salzwasser garen, anschließend zerstampfen, ca. 25 g Butter und ca. 50 ml Milch sowie 50 ml Sahne hinzugeben und mit einem Schneebesen verrühren, abschließend mit Salz, Pfeffer und Muskatnuss würzen)
- **Kartoffel-Möhren-Puffer Rösti** (siehe S. 43)
- **Bratkartoffeln** (Kartoffeln in Salzwasser garen, anschließend in Scheiben schneiden und in reichlich Butter von beiden Seiten in einer Pfanne braten. Tipp: gewürfelte Zwiebel- und Schinkenwürfel ebenfalls dazugeben und anbraten, mit Petersilie und Schnittlauch garnieren)
- **Ofenkartoffel** (Kartoffeln ungeschält gründlich waschen, in gebutterte Alufolie wickeln und im Backofen garen)
- **Chips** (siehe S. 95)
- **Pommes, Kartoffelspalten** (siehe S. 43)
- **Suppe** (siehe S. 45)
- **Salat** (siehe S. 73)
- **Gnocchi** (siehe S. 31)

TIPP

Für Pommes frites statt Kartoffelspalten die Kartoffeln in dünne Pommes schneiden und in mit Salz gewürztem Olivenöl wenden. Sie sind nach etwa 20 Minuten im Backofen fertig.

KARTOFFELSPALTEN

Krosse Kartoffeln schmecken immer

Für 4 Portionen

- 1 kg festkochende Kartoffeln
- 6 EL Olivenöl
- 1 TL Paprikapulver edelsüß
- ½ TL Salz

» Die Kartoffeln schälen, waschen, grob abtrocknen und vierteln.

» Das Olivenöl mit den Gewürzen mischen und die Kartoffelspalten darin wenden.

» Kartoffelspalten auf einem mit Backpapier ausgelegten Backblech verteilen und im vorgeheizten Backofen bei 180 °C (Ober- / Unterhitze) mindestens 30 Minuten backen. Je nach Größe der Kartoffelspalten kann die Backdauer unterschiedlich sein. Sind sie außen knusprig und innen weich, sind sie perfekt.

- Zubereitungszeit: 20 Minuten
- Backzeit: 30 Minuten

KARTOFFEL-MÖHREN-PUFFER

Dazu am liebsten Apfelmus

Für 8 Stück

- 300 g Kartoffeln
- 150 g Möhren
- 1 Zwiebel
- 2 Eier
- 2 EL Reismehl
- 20 g Haferflocken
- Salz
- Pfeffer, frisch gemahlen
- Muskatnuss, gemahlen
- Pflanzenöl zum Ausbacken

» Die Kartoffeln und Möhren schälen, dann raspeln.

» Die Zwiebel schälen und klein würfeln.

» Zwiebelwürfel, Eier, Mehl und Haferflocken zu den geraspelten Zutaten geben und alles mischen. Mit Salz, Pfeffer und Muskatnuss würzen.

» Anschließend portionsweise in Pflanzenöl ausbacken.

APFELMUS: Ein Rezept finden Sie auf Seite 111.

- Zubereitungszeit: 25 Minuten

TIPP

Servieren Sie als Beilage in der glutenfreien Küche auch Polenta. Den glutenfreien Maisgrieß klassisch als Brei servieren, dazu passt eine Pilz-Zwiebel-Pfanne aus den Vorratszutaten. Alternativ den Brei auf ein Backblech streichen, abkühlen lassen, in Stücke schneiden, in Pflanzenöl braten und als Polentaschnitten servieren. Wird der Brei statt in Wasser mit Gemüsebrühe oder einem Teil Milch ekocht und mit Gewürzen nach Wahl verfeinert, kann er geschmacklich sehr variantenreich zubereitet werden.

SÜSSKARTOFFELPÜREE

Kokos gibt eine besondere Note

Für 2 Portionen

- 2 große Süßkartoffeln
- 50 ml Sahne
- 2 EL Kokosmilch
- Salz
- Pfeffer, frisch gemahlen
- Muskatnuss, frisch gemahlen
- Currypulver

» Die Süßkartoffeln schälen, waschen, zum schnelleren Garen in Stücke schneiden und in kochendem Salzwasser etwa 10–15 Minuten garkochen.

» Kochwasser abgießen, mit einem Stampfer die Süßkartoffeln zerstampfen. Sahne und Kokosmilch dazugeben. Mit Salz, Pfeffer, Muskatnuss und Curry würzen.

VARIANTE: Wer es weniger exotisch mag, lässt Curry und Kokosmilch weg.

Zubereitungszeit: 25 Minuten

MÖHREN-CURRY-SUPPE

Schön fruchtig

Für 2 Portionen

- 1 Zwiebel
- ein kleines Stück Ingwerwurzel
- 300 g Möhren
- 1 große Kartoffel
- 1 kleiner Apfel
- Pflanzenöl zum Andünsten
- 400 ml Gemüsebrühe
- 150 ml Kokosmilch
- Salz
- Pfeffer, frisch gemahlen
- Currypulver

» Die Zwiebel und den Ingwer schälen. Die Zwiebel klein würfeln, den Ingwer raspeln.

» Die Möhren und die Kartoffel schälen, den Apfel entkernen und alles würfeln.

» Die Zwiebel in etwas Pflanzenöl andünsten, anschließend Möhren-, Kartoffel- und Apfelstücke sowie den Ingwer dazugeben und kurz mitbraten. Dann mit der Brühe und Kokosmilch ablöschen, etwa 20 Minuten garkochen.

» Das Ganze mit dem Pürierstab pürieren. Mit Salz, Pfeffer und Curry abschmecken.

Zubereitungszeit: 40 Minuten

TIPP

Das Curry kann als eigenständiges Hauptgericht oder ergänzt durch Reis als Beilage serviert werden.

KICHERERBSENCURRY

Fein-würziger Eintopf

Für 4 Portionen

- 1 rote Zwiebel
- Pflanzenöl zum Andünsten
- 1 Dose gehackte Tomaten (400 ml)
- 100 ml Kokosmilch
- ein kleines Stück Ingwerwurzel
- 1 Möhre
- 2 TL Currypulver
- Salz
- Pfeffer, frisch gemahlen
- 1 Prise Zimt
- ½ TL Kurkuma
- 2 Dosen Kichererbsen (400 g Abtropfgewicht)
- 1 Dose Mais (280 g Abtropfgewicht)
- 1 Spritzer frisch ausgepresster Zitronensaft

» Die Zwiebel schälen, würfeln und in etwas Öl in einem Topf andünsten. Die gehackten Tomaten und die Kokosmilch dazugeben.

» Den Ingwer schälen und klein schneiden. Die Möhre schälen, raspeln und zusammen mit dem Ingwer und den Gewürzen zu den Zutaten in den Topf geben und alles einige Minuten köcheln lassen.

» Anschließend Kichererbsen und Mais in einem Sieb abgießen, dazugeben und etwa 10 Minuten kochen. Abschließend mit einem Spritzer Zitronensaft abschmecken.

VARIANTE: Kein Kokosmilch-Fan? Dann die Tomaten stattdessen mit Brühe aufgießen. Wenn vorhanden, Frühlingszwiebeln in Röllchen schneiden und den Eintopf vor dem Servieren damit garnieren.

Zubereitungszeit: 30 Minuten

HIRSEFRIKADELLEN

Tolle Fleisch-Alternative

Für 8 Stück

- 100 g Hirse
- 75 g Paniermehl
- 1 Ei
- Salz
- Pfeffer, frisch gemahlen
- Paprikapulver edelsüß
- Pflanzenöl zum Ausbacken

» Die Hirse waschen, nach Packungsangabe mit 2–2,5-facher Salzwassermenge aufkochen und für 15 Minuten köcheln lassen. Bedarfsweise Flüssigkeit dazugeben. 10 Minuten ohne Hitzezufuhr quellen lassen, dann abgießen und abkühlen lassen.

» Anschließend mit Paniermehl, Ei und den Gewürzen mischen und zu Frikadellen formen.

» Die Frikadellen in reichlich Pflanzenöl ausbacken.

Zubereitungszeit: 60 Minuten

THUNFISCHFRIKADELLEN

Fisch aus dem Vorrat

Für 6 Stück

- 80 g Haferflocken
- 2 Eier
- 150 g Thunfisch aus der Dose (abgetropft)
- etwas Senf
- 1 Prise Salz
- Pflanzenöl zum Ausbacken

» Haferflocken, Eier und Thunfisch miteinander verkneten, mit Senf und Salz würzen.

» Die Masse zu Frikadellen formen und in Pflanzenöl ausbacken.

Zubereitungszeit: 20 Minuten

TIPP

Die Hirse in Salzwasser statt in Brühe kochen. Dann unter die fertige Hirse ein Dressing mischen aus 2–3 EL Olivenöl, 1 Prise Salz, Pfeffer und 1 EL Apfelessig oder Zitronensaft. Ideal für ein Sommergericht.

HIRSE-BOWL

Hier kommt alles in die Schüssel

Für 4 Portionen

- 150 g Hirse
- 300–350 ml Gemüsebrühe
- 1 Zwiebel
- 250 g grüne Bohnen (aus dem Glas)
- 150 g Champignons (aus dem Glas)
- 300 g Kichererbsen (aus dem Glas)
- ½ Knoblauchzehe
- 2 EL Olivenöl und etwas zum Anbraten
- 60 ml Wasser
- 1 Spritzer frisch ausgepresster Zitronensaft
- Salz
- getrockneter Koriander
- Kreuzkümmel, gemahlen
- Kurkuma, gemahlen
- 2 EL Kürbiskerne

» Die Hirse nach Packungsanweisung in Brühe garkochen, eventuell Wasser dazu gießen.

» Die Zwiebel schälen, würfeln und in einer Pfanne in etwas Öl andünsten. Bohnen und Pilze dazugeben, etwa 50 g Kichererbsen ebenfalls in die Pfanne geben, möglichst nicht mit den Bohnen und Pilzen durchmischen.

» Für den Kichererbsen-Hummus die Knoblauchzehe schälen und durch eine Presse drücken. Mit 250 g Kichererbsen, 2 EL Olivenöl und Zitronensaft pürieren. Mit den Gewürzen und Kräutern abschmecken.

» Alles portionsweise in einer Schüssel nebeneinander anrichten: Hirse, Bohnen-Pilz-Mischung und Kichererbsen. Die Kürbiskerne als Topping darüberstreuen. In die Mitte jeweils den Kichererbsen-Hummus geben.

VARIANTEN: Etwas **Tahini**, eine Sesampaste, in den Kichererbsen-Hummus geben und unterrühren.
Für eine **Quinoa-Bowl** statt Hirse Quinoa verwenden.
Gut passen auch **Mais oder Möhren**, die in Scheiben oder mit einem Spiralschneider in Spaghetti-Streifen geschnitten wurden.
Kidneybohnen oder andere Hülsenfrüchte können ebenfalls nach eigenen Vorlieben in die Bowl.
Ob **warme oder kalte Zutaten**, auch dies kann individuell kombiniert werden.

Zubereitungszeit: 50 Minuten

WURSTGULASCH

Herzhaftes Gericht

Für 4 Portionen

- 650 g Kartoffeln
- 1 Glas Wiener Würstchen
- 1 rote Zwiebel
- 1 weiße Zwiebel
- etwas Pflanzenöl zum Andünsten
- 2 EL Tomatenmark
- 300 ml Gemüsebrühe
- 100 g Mais (aus der Dose)
- 100 g Erbsen (aus der Dose)
- 50 ml Sahne
- Salz
- Pfeffer, frisch gemahlen
- Paprikapulver edelsüß

» Die Kartoffeln schälen und in mundgerechte Stücke schneiden. Die Würstchen in Scheiben schneiden.

» Die Zwiebeln schälen. Die rote Zwiebel in feine Streifen, die weiße Zwiebel in Würfel schneiden und beide in etwas Pflanzenöl andünsten.

» Das Tomatenmark hinzugeben, mit Brühe ablöschen, die Kartoffeln dazugeben und etwa 15 Minuten garkochen. Verdampft viel Flüssigkeit, mit etwas Wasser aufgießen.

» Zum Schluss Mais, Erbsen und Würstchen dazugeben und einige Minuten erwärmen. Die Sahne unterrühren. Mit Salz, Pfeffer und Paprikapulver abschmecken.

VARIANTEN: Wer es gerne deftiger mag, verwendet **Cabanossi** statt Wiener Würstchen. Diese Brühwürste, die längere Zeit ohne Kühlung auskommen, werden in Scheiben geschnitten und zusammen mit den Zwiebeln in den Topf gegeben.
Paprika oder Brokkoli im Haus? Dann kann auch dieses Gemüse dem Wurstgulasch hinzugefügt werden.
Auch eine **Möhre** kann in Scheiben geschnitten mitgekocht werden. Bei weiteren Zutaten bei Bedarf die Flüssigkeitsmenge erhöhen.

• Zubereitungszeit: 40 Minuten

QUINOAPFANNE

Gesundes Pseudogetreide

Für 4 Portionen

- 250 g Quinoa
- Salz
- 1 Zwiebel
- etwas Pflanzenöl zum Andünsten
- 100 g Erbsen (aus der Dose)
- 150 g Mais (aus der Dose)
- 100 g Kidneybohnen (aus der Dose)
- 400 g stückige Tomaten
- Pfeffer, frisch gemahlen
- Paprikapulver edelsüß
- Kreuzkümmel, gemahlen

» Quinoa nach Packungsanleitung in Salzwasser garkochen, dann abgießen.

» Die Zwiebel schälen und würfeln, in etwas Pflanzenöl andünsten.

» Erbsen, Mais und Kidneybohnen hinzugeben. Dann gehackte Tomaten dazugeben und alles erwärmen.

» Zum Schluss mit Pfeffer, Paprikapulver und Kreuzkümmel würzen und die Quinoa unterheben.

VARIANTE FÜR EINE HIRSEPFANNE: Die Zwiebelwürfel in etwas Öl andünsten, 150 g Hirse hinzugeben (wichtig: vorher abspülen), mit 300–350 ml Brühe ablöschen und nach Packungsanleitung kochen und ausquellen lassen. Bei Bedarf mit Wasser aufgießen. Anschließend stückige Tomaten, Mais und Kidneybohnen hinzugeben und bei geringer Wärmezufuhr einige Minuten köcheln lassen. Mit Salz, Pfeffer sowie Majoran, Oregano und Koriander (getrocknet oder gerebelt) abschmecken.

VARIANTE AUS DEM VORRAT: Je nach Geschmacksvorliebe können anstelle der Kidneybohnen auch grüne Bohnen verwendet werden.

VARIANTE MIT FRISCHEN ZUTATEN: Wahlweise eine Paprikaschote ergänzen und/oder frische Tomaten (statt gehackter Tomaten aus der Dose) verwenden.

- Zubereitungszeit: 35 Minuten

ERBSENEINTOPF

Herrlich deftig

Für 4 Portionen

- 500 g Kartoffeln (geschält gewogen)
- 3 Möhren
- 1 Glas Wiener Würstchen
- 1 Zwiebel
- etwas Pflanzenöl
- 750 ml Brühe
- 1 Dose Erbsen (280 g Abtropfgewicht)
- Salz
- Pfeffer, frisch gemahlen
- Paprikapulver edelsüß
- getrockneter Liebstöckel

» Die Kartoffeln schälen und in mundgerechte Stücke schneiden. Die Möhren schälen und in Scheiben schneiden. Die Würstchen in Scheiben schneiden.

» Die Zwiebel schälen, würfeln und in etwas Pflanzenöl andünsten.

» Mit der Brühe ablöschen und aufkochen. Die Kartoffeln und Möhren hinzugeben und garkochen.

» Anschließend die Erbsen und die Würstchenscheiben hinzufügen und erwärmen. Alles eindicken lassen. Ist zu viel Brühe verkocht, mit Wasser nachgießen. Ist der Eintopf zu flüssig, Flüssigkeit abschöpfen.

» Mit einem Stampfer ein paarmal grob stampfen, um den Eintopf etwas einzudicken.

VARIANTEN: Wer es **klassisch** mag, gibt zu den Zwiebeln 75 g Schinkenwürfel hinzu.
Wer lieber **vegetarisch** essen möchte, verzichtet auf die Schinkenwürfel und Würstchen.

TIPP

Als Sättigungsbeilage Brot dazu reichen oder wahlweise den Eintopf mit Brotcroûtons verfeinern. Dazu Brotscheiben in Würfel schneiden, in einer Pfanne mit Pflanzenfett anrösten und vor dem Servieren darüber streuen.

Zubereitungszeit: 50 Minuten

GEMÜSEREIS

Schnell und lecker

Für 4 Portionen

- 250 g Reis
- 1 rote Zwiebel
- ½ Staudensellerie
- 2 Möhren
- etwas Pflanzenöl zum Andünsten
- 1 Dose Erbsen (140 g Abtropfgewicht)
- Salz
- Pfeffer, frisch gemahlen

» Den Reis in Salzwasser garkochen.

» Währenddessen die Zwiebel schälen und würfeln, Staudensellerie schälen und in kleine Stücke schneiden, die Möhren schälen und raspeln.

» Die Zwiebeln in etwas Pflanzenöl anbraten, den Staudensellerie dazugeben, kurz darauf die Möhren. Alles mit etwa 200 ml Wasser ablöschen und aufkochen.

» Abschließend die Erbsen hinzufügen und erwärmen. Die Kochflüssigkeit abgießen, das Gemüse mit Salz und Pfeffer abschmecken. Das Gemüse mit dem gekochten Reis mischen.

• Zubereitungszeit: 30 Minuten

BUNTER NUDEL-TOPF

Cremiger Ratz-fatz-Eintopf

Für 4 Portionen

- 1 Zwiebel
- ½ Stange Staudensellerie
- 2 Möhren
- etwas Pflanzenöl zum Andünsten
- 200 ml Sahne
- 500 ml Brühe
- 300 g Nudeln
- 1 Dose Erbsen (140 g Abtropfgewicht)
- Salz
- Pfeffer, frisch gemahlen
- Muskatnuss, frisch gemahlen

» Die Zwiebel schälen und würfeln. Den Staudensellerie schälen und in Stücke schneiden. Die Möhren schälen und in Scheiben schneiden.

» Die Zwiebel in etwas Pflanzenöl andünsten, die Selleriestücke dazugeben und mit Sahne und Brühe ablöschen. Alles zum Kochen bringen, dann die Nudeln und Möhren dazugeben. Einige Minuten bevor die Nudeln bissfest gegart sind, die Erbsen hinzugeben. Alles mit Salz, Pfeffer und Muskatnuss abschmecken.

- Zubereitungszeit: 30 Minuten

PASTASAUCEN

TIPP

Statt vegetarischer Bolognese eignet sich das Rezept auch für die Zubereitung der klassischen Hackfleischbolognese. Dazu 250 g Bio-Hackfleisch zusammen mit der Zwiebel anbraten, keine Linsen verwenden und alles mindestens 20 Minuten köcheln lassen.

Linsenbolognese

LINSENBOLOGNESE

Vegetarische Bolognese

Für 4 Portionen

- 1 Zwiebel
- etwas Pflanzenöl zum Andünsten
- 2 Möhren
- 3 Stangen Staudensellerie
- 400 ml Brühe
- 400 g gehackte Tomaten (aus der Dose)
- 200 g rote Linsen
- Salz
- Pfeffer, frisch gemahlen
- getrockneter Majoran

» Zwiebel schälen und würfeln, in etwas Öl andünsten.

» Die Möhren und den Sellerie schälen und in kleine Stücke schneiden, zu den Zwiebeln geben.

» Die Brühe und die gehackten Tomaten hinzugeben und aufkochen, dann die Linsen hinzugeben und etwa 10 Minuten köcheln lassen.

» Abschließend mit Salz, Pfeffer und Majoran würzen.

» Die Bolognese zu Spaghetti servieren.

Zubereitungszeit: 30 Minuten

AGLIO E OLIO

Schlichtes Pastarezept

Für 4 Portionen

- 400 g Spaghetti
- Salz
- 2 Knoblauchzehen
- 1 Peperoni nach Geschmack
- 6 EL Olivenöl
- Pfeffer, frisch gemahlen
- Petersilie, frisch oder getrocknet
- wahlweise: Spritzer Zitronensaft, Minze und Basilikum

» Die Spaghetti in Salzwasser bissfest garen, etwa 100 ml Kochwasser abschöpfen.

» Die Knoblauchzehen schälen, fein hacken und in einer Pfanne im Olivenöl andünsten. Wer es schärfer mag, fügt zusammen mit dem Knoblauch eine gehackte Peperoni hinzu.

» Die Spaghetti abgießen und in die Pfanne geben. Das Nudelwasser dazugeben. Mit Salz und Pfeffer würzen, die Kräuter dazugeben.

Zubereitungszeit: 25 Minuten

TIPP

Wer es würziger mag, raspelt etwas frischen Ingwer und gibt ihn mit den Zwiebeln in die Pfanne. Knoblauchliebhaber mischen etwas durchgepressten Knoblauch unter.

ERBSENPESTO

Grünes Pesto mal anders

Für 2 Portionen

- 4 EL gehackte Mandeln
- 1 Zwiebel
- 300 g Erbsen (aus dem Glas)
- 1 TL getrocknetes Basilikum
- 3–4 EL frisch ausgepresster Zitronensaft
- 40 ml Olivenöl und etwas zum Andünsten
- Salz
- Pfeffer, frisch gemahlen

» Die Mandeln in einer Pfanne in etwas Öl bräunen, anschließend beiseitestellen.

» Zwiebel schälen und würfeln, in etwas Öl andünsten. Dann mit Wasser ablöschen, die Erbsen hinzugeben, das Kochwasser anschließend abgießen.

» Die Erbsen und Mandeln zusammen mit dem Basilikum, 3 EL Zitronensaft und Olivenöl pürieren.

» Mit Salz, Pfeffer und bei Bedarf weiterem Zitronensaft abschmecken.

Zubereitungszeit: 15 Minuten

MÖHRENPESTO

Leckerschmecker

Für 2 Portionen

- 1 Zwiebel
- etwas Pflanzenöl zum Andünsten
- 2 große Möhren
- 3 EL grob gehackte Mandeln
- Salz
- Pfeffer, frisch gemahlen

» Die Zwiebel schälen und würfeln, in einer Pfanne in etwas Pflanzenöl glasig dünsten.

» Die Möhren raspeln und dazugeben, mit etwas Wasser auffüllen (alles sollte leicht bedeckt sein) und einige Minuten köcheln lassen.

» Die Masse zusammen mit den Mandeln pürieren, mit Salz und Pfeffer abschmecken. Wenn das Pesto zu fest ist, etwas Wasser oder wahlweise 1 Teelöffel Pflanzenöl hinzugeben.

Zubereitungszeit: 20 Minuten

TIPP

Wer keine stückige Tomatensauce mag, püriert sie vor dem Würzen.

TOMATENSAUCE

Dosentomaten sind sehr aromatisch

Für 4 Portionen

1 Zwiebel
etwas Olivenöl zum Andünsten
800 g gehackte Tomaten (aus der Dose)
Salz
Pfeffer, frisch gemahlen
1 Prise Zucker
2–3 EL Balsamico-Essig
Kräutermischung aus getrockneten oder frisch gehackten Kräutern, z. B. je 1 TL Petersilie, Basilikum, Thymian, Majoran

» Die Zwiebel schälen, klein schneiden und in etwas Olivenöl andünsten.

» Die Tomaten hinzufügen und einkochen lassen.

» Mit Gewürzen, Balsamico-Essig und Kräutern abschmecken.

OLIVEN-KAPERN-SAUCE: Wer es raffinierter mag, gibt einige klein geschnittene Stangen Staudensellerie und Knoblauch zu den Zwiebeln und fügt in Scheiben geschnittene, entsteinte Oliven sowie Kapern zur Sauce hinzu.

Zubereitungszeit: 25 Minuten

CHAMPIGNON-SAHNE-SAUCE

Ruck-zuck aus dem Vorrat

Für 4 Portionen

1 Zwiebel
etwas Pflanzenöl
150 ml Sahne
1 TL Maisstärke
400 g Champignons (aus der Dose)
Salz
Pfeffer, frisch gemahlen

» Die Zwiebel schälen und klein würfeln. Die Sahne mit der Stärke mischen.

» Die Zwiebelwürfel in einer Pfanne in etwas Pflanzenöl andünsten, die Champignons dazugeben und kurz mitbraten. Die Sahnemischung dazugeben und wenige Minuten köcheln, mit Salz und Pfeffer würzen.

VARIANTE: Frische Champignons statt Dosen-Champignons verwenden.

Zubereitungszeit: 20 Minuten

SALATE

TIPP

Variante Mayo-Kartoffelsalat:
Beim Kartoffelsalat gibt es große regionale Unterschiede in der Zubereitung. Sowohl Kartoffelsalat mit Brühe als auch Kartoffelsalat mit Mayonnaise sind Lieblinge der deutschen Küche. Für einen Kartoffelsalat mit Mayonnaise kann als Basis das Dressing vom Nudelsalat (siehe S. 77) mit klein geschnittenen Gewürzgurken verwendet werden. Nach Belieben können dazu ein gekochtes, klein geschnittenes Ei und Erbsen untergehoben werden.

Kartoffelsalat mediterran

KARTOFFELSALAT MEDITERRAN

Nicht nur ideal für warme Tage

Für 1 Salatschüssel (6 Portionen als Beilage)

- 1 kg Kartoffeln
- 100 g Oliven (entkernt)
- 2 rote Zwiebeln
- 1 Zitrone
- 2 EL Olivenöl
- Salz
- Pfeffer, frisch gemahlen
- ½ Bund Petersilie und Schnittlauch, frisch gehackt (alternativ getrocknet)

» Kartoffeln schälen, in Scheiben schneiden und in Salzwasser garkochen. Abgießen und abkühlen lassen.

» In der Zwischenzeit die Oliven abgießen. Die Zwiebeln schälen, halbieren und in dünne Streifen schneiden. Alles in eine Salatschüssel geben.

» Für das Dressing Zitrone auspressen und mit Olivenöl verrühren. Mit Salz und Pfeffer würzen. Mit den anderen Zutaten vermengen. Mit den Kräutern garnieren.

Zubereitungszeit: 30 Minuten + Kühlzeit

KARTOFFELSALAT KLASSISCH

Darf beim Grillfest nicht fehlen

Für 1 Salatschüssel (6 Portionen als Beilage)

- 1 kg Kartoffeln
- 1 Zwiebel
- 3 EL Olivenöl und etwas zum Andünsten
- 200 ml Gemüsebrühe
- 2 EL Essig
- 2 EL Senf
- Salz
- Pfeffer, frisch gemahlen
- ½ Bund Schnittlauch (alternativ getrockneter Schnittlauch)

» Kartoffeln schälen, in mundgerechte Stücke schneiden und in Salzwasser garkochen. Zwiebel schälen, würfeln und in etwas Olivenöl andünsten. Mit Gemüsebrühe aufkochen, dann etwas abkühlen lassen.

» Als Dressing 3 EL Öl, Essig und Senf verrühren. Mit Salz und Pfeffer abschmecken und mit der Brühe mischen.

» Die Kartoffeln in eine Schüssel geben, mit der lauwarmen Brühe übergießen, vermengen und etwa 1 Stunde ziehen lassen.

» Den Schnittlauch waschen, in kleine Stücke schneiden und den Salat damit bestreuen.

Zubereitungszeit: 90 Minuten

TIPP

Wenn vorhanden, als frische Zutaten Cocktailtomaten dazugeben und statt der Zwiebel 2 Frühlingszwiebeln in Röllchen schneiden und unterheben.

QUINOASALAT

Eine Alternative am Salatbuffet

Für 1 Salatschüssel (4 Portionen als Beilage)

- 150 g Quinoa
- 1 große Möhre
- 1 Dose Kichererbsen (250 g Abtropfgewicht)
- ½ rote Zwiebel
- ½ Bund frischer Schnittlauch (ersatzweise getrockneter)
- 50 g Datteln (soft)
- 50 g Rosinen
- 5 EL Olivenöl
- 2 EL frisch ausgepresster Zitronensaft
- 1 TL Honig
- Salz
- Pfeffer, frisch gemahlen
- Kreuzkümmel, gemahlen
- Minze (gerebelt oder frisch)

» Quinoa waschen, nach Packungsanleitung in Wasser kochen und ausquellen lassen. Abkühlen lassen.

» Möhre schälen und raspeln. Zwiebel schälen und sehr fein hacken. Datteln klein schneiden. Kichererbsen abtropfen lassen. Frischen Schnittlauch in Röllchen schneiden. Alles mit den Rosinen und der Quinoa mischen.

» Für das Dressing Olivenöl, Zitronensaft und Honig verrühren. Mit Salz, Pfeffer und Kreuzkümmel abschmecken. Dressing unterheben und den Salat mit Minze bestreuen.

VARIANTE HIRSESALAT: Statt Quinoa **Hirse** verwenden und mit einer geraspelten Möhre, Kichererbsen, klein geschnittener roter Zwiebel (oder Frühlingszwiebeln), Schnittlauch und 50 g klein geschnittenen Datteln, Rosinen oder Cranberrys verrühren. In das Dressing nach Wunsch eine zerdrückte halbe Knoblauchzehe geben.

- Zubereitungszeit: 30 Minuten + Auskühlzeit

TIPP

Mayonnaise selbst herstellen:
Dazu nacheinander 1 Ei, 100 ml Pflanzenöl, 1 EL Senf, 1 TL Zitronensaft, je 1 Prise Salz und Pfeffer in ein hohes Püriergefäß füllen. Einen Pürierstab hineinstellen, einschalten und so lange laufen lassen, bis sich die Zutaten auf dem Boden des Gefäßes zur Mayonnaise verbinden. Dann ganz langsam von unten nach oben ziehen.

MÖHRENSALAT

Saftiger Sommersalat

Für 2 Portionen als Beilage

- 350 g Möhren
- 1 Apfel
- 2 EL frisch ausgepresster Zitronensaft
- 1 Prise Salz
- Pfeffer, frisch gemahlen
- 1 Prise Zucker
- 3 EL Olivenöl

» Die Möhren und den Apfel schälen. Die Möhren fein raspeln, die Äpfel in kleine Würfel schneiden.

» Zitronensaft mit den Gewürzen verrühren, dann das Olivenöl dazugeben. Das Dressing unter den Salat heben und mindestens 1 Stunde durchziehen lassen.

VARIANTEN: Einen reinen Möhrensalat **ohne Apfel** zubereiten oder wahlweise mit etwas geraspeltem **Knollensellerie** und klein gehackter **Petersilie** verfeinern.

Zubereitungszeit: 15 Minuten

NUDELSALAT

Auch glutenfrei geht es am Salatbuffet nicht ohne

1 Salatschüssel (6 Portionen als Beilage)

- 400 g Hörnchennudeln
- 200 g Mayonnaise
- 1 EL Senf
- 1 kleines Glas eingelegte Gewürzgurken
- 1 kleine Dose Mais

» Die Nudeln in Salzwasser garkochen, abtropfen und abkühlen lassen.

» Die Mayonnaise in einer Salatschüssel mit 50 g Gurkensud und Senf verrühren.

» Etwa 100 g Gurken klein schneiden und unterrühren. Die abgekühlten Nudeln dazugeben und mit dem Dressing mischen.

» Abschließend den Mais unterheben.

VARIANTE: Frisch dazu 1 rote **Paprika** klein schneiden und dazugeben und/oder ein Stück **Fleischwurst** klein würfeln und unterheben.

Zubereitungszeit: 25 Minuten + Auskühlzeit

KAFFEE-KLATSCH & SNACKS

NUSSECKEN

Zu jeder Jahreszeit lecker

Für 1 Backblech (ca. 24 Stück)

- 250 g Fertigmehlmischung (oder eigene Mehlmischung, siehe Alternative)
- 1 Ei
- 160 g Zucker
- 210 g Butter
- 1 Prise Salz
- 160 g Aprikosenmarmelade
- 1 Päckchen Vanillezucker
- 100 g gemahlene Nüsse
- 100 g gemahlene Mandeln
- 2 EL Wasser
- 100 g Zartbitterkuvertüre

» Das Mehl, das Ei, 60 g Zucker, 110 g Butter und die Prise Salz zu einem geschmeidigen Teig verkneten und auf einem Backpapier dünn auf Backblechgröße ausrollen.

» Den Teig auf ein mit Backpapier ausgelegtes Backblech legen und mit der Aprikosenmarmelade bestreichen.

» Die restliche Butter in einem Topf zum Schmelzen bringen, den restlichen Zucker und den Vanillezucker unterrühren. Anschließend die gemahlenen Nüsse und Mandeln dazugeben sowie das Wasser. Alles verrühren.

» Anschließend die Mandel-Nuss-Mischung auf der Schicht Aprikosenmarmelade verteilen und das Ganze bei 160 °C (Ober- / Unterhitze) etwa 20–25 Minuten im vorgeheizten Backofen backen.

» Den Teig noch warm in Dreiecke schneiden. Die Kuvertüre im Wasserbad schmelzen und die Nussecken damit bestreichen.

ALTERNATIVE: Statt der Fertigmehlmischung kann auch folgende eigene Mehlmischung verwendet werden: 160 g Reismehl, 50 g Kartoffelmehl, 50 g Maismehl, 1 EL Xanathan (oder Guarkernmehl), 1 EL gemahlene Flohsamenschalen.

- Zubereitungszeit: 20 Minuten
- Backzeit: 20–25 Minuten

TORTENBODEN

Ideal, um als Biskuitboden verwendet zu werden

Für 1 Springform

- 2 Eier
- 60 Zucker
- 70 ml Pflanzenöl
- 2 Päckchen Vanillepudding-pulver (zum Kochen)
- 2 TL Backpulver

» Die Eier mit dem Zucker verrühren, dann die übrigen Zutaten hinzugeben.

» Den Teig in eine mit Backpapier ausgelegte Springform geben und bei 180 °C (Ober- / Unterhitze) etwa 30 Minuten im vorgeheizten Backofen backen.

TIPP

Mandarinen-Schmand-Torte:
Dieser fluffige Tortenboden kann vielfältig ganz nach Ihren Wünschen belegt werden. Zum Beispiel mit 400 g Schmand bestreichen, Mandarinenfilets (2 Dosen) darauf verteilen und anschließend mit Tortenguss versiegeln. Wer es sahniger mag, kann zusätzlich auf dem fest gewordenen Tortenguss 400 g geschlagene Sahne verstreichen und Schokoladenstreusel darauf streuen. Ruck-zuck ist eine feine Torte mit Zutaten aus der Vorratskammer fertig.

- Zubereitungszeit: 10 Minuten
- Backzeit: 30 Minuten

TORTENBODEN OHNE BACKEN

Schön dünn, ideal für Käsekuchen

Für 1 Tortenboden

180 g Haferflocken
80 g Butter
80 g Zucker, alternativ 50 g Honig

» Haferflocken mit einem Pürierstab grob zerkleinern.

» Die Butter schmelzen, anschließend mit den Haferflocken und dem Zucker oder Honig verrühren.

» Den Teig in einer mit Backpapier ausgelegte Springform verstreichen, leicht andrücken und fest werden lassen.

TIPP

Rezept Käsekuchen (aus meinem Buch „Backen ohne Mehl"):

Für den Belag 4 Eier, 400 g Frischkäse, 200 g Mascarpone, 150 g Zucker, 1 Päckchen Vanillezucker, 15 g Speisestärke und den Saft von 1 Zitrone verrühren. Auf dem Tortenboden verstreichen und den Kuchen 50 Minuten bei 180 °C (Ober-/Unterhitze) backen.

Zubereitungszeit: 10 Minuten

MANDELKUCHEN

Ein Klassiker unter den Kuchen

Für 1 Springform

- 6 Eier
- 200 g Zucker
- 1 Päckchen Vanillezucker
- 300 g gemahlene Mandeln
- 2 TL Backpulver
- 100 g Schokoladenstreusel (Zartbitter)
- 2 EL Puderzucker

» Die Eier schaumig schlagen und mit Zucker und Vanillezucker verrühren.

» Mandeln und Backpulver dazu geben, abschließend die Schokoladenstreusel unterheben.

» Den Teig in eine gefettete Springform geben und 30 Minuten bei 180 °C (Ober- / Unterhitze) im vorgeheizten Backofen backen.

» Vor dem Servieren den Puderzucker in ein feines Sieb geben und den Kuchen damit bestauben.

VARIANTE MARZIPANTORTE: Wer Marzipan liebt, deckt den Mandelkuchen mit einer Marzipandecke ein.

- Zubereitungszeit: 10 Minuten
- Backzeit: 30 Minuten

HAFERFLOCKENKEKSE

Perfekt für die Keksdose

Für 20 Stück

- 75 g Butter
- 70 g plus 1 EL Zucker
- 125 g Haferflocken
- 1 Ei
- 50 g Fertigmehlmischung (oder eigene Mehlmischung, siehe Alternative beim Rezept Nussecken, S. 81)
- 1 Päckchen Vanillezucker
- 1 TL Backpulver
- 50 g Zartbitterkuvertüre

» Die Butter mit 1 EL Zucker in einer Pfanne schmelzen, dann die Haferflocken dazugeben und karamellisieren.

» Das Ei, das Mehl, den restlichen Zucker, Vanillezucker und Backpulver miteinander verrühren.

» Die Haferflocken mit einem Pürierstab leicht zerkleinern (nicht zu sehr, sie sollen nicht zu mehlig werden) und unter die Teigmischung rühren.

» Mit einem Löffel portionsweise Plätzchen auf ein mit Backpapier ausgelegtes Backblech geben. Zwischen den Plätzchen ausreichend Platz lassen, der Teig läuft im Backofen auseinander.

» Bei 180 °C (Ober- / Unterhitze) 10 Minuten im vorgeheizten Backofen backen.

» Die Kuvertüre in einem Wasserbad schmelzen. Dann mit einem Löffel die Kekse mit einem fadenförmigen Schokoladenmuster verzieren.

TIPP

In einer Keksdose bleiben die Kekse einige Wochen frisch.

- Zubereitungszeit: 20 Minuten
- Backzeit: 10 Minuten

KUCHEN IM GLAS

Fruchtig mit Apfel

Für 4 Einmachgläser à 280 ml

- 2 Eier
- 60 g Zucker
- 1 Päckchen Vanillezucker
- 200 g Reismehl
- 2 TL Backpulver
- 50 ml Öl
- 120 g Joghurt
- 1 Apfel
- etwas Butter zum Ausfetten

» Die Eier mit Zucker und Vanillezucker verrühren.

» Mehl, Backpulver, Öl und Joghurt dazugeben.

» Den Apfel schälen, entkernen, in kleine Stückchen schneiden und unterheben.

» Die Einmachgläser mit Butter ausfetten und mit etwas Reismehl bemehlen. Die Gläser maximal halb voll mit dem Teig befüllen und bei 180 °C (Ober- / Unterhitze) 20 Minuten im Backofen backen.

TIPP

Der Kuchen kann auch im Einkochautomat eingekocht werden. Dazu die Gläser nach dem Backen verschließen und 30 Minuten bei 100 °C in den Automaten geben.

- Zubereitungszeit: 15 Minuten
- Backzeit: 20 Minuten

MÜSLIRIEGEL

Ein idealer Snack

Für 20 Stück

- 150 g Haferflocken
- 30 g Sonnenblumenkerne
- 30 g Leinsamenkerne
- 20 g gepuffter Amaranth
- 50 g Cranberrys
- 200 ml gezuckerte Kondensmilch

» Alle Zutaten miteinander mischen.

» Die Masse auf ein Backblech geben. Der Teig ergibt ein Rechteck von etwa 40 × 26 cm.

» Mit einem Messer die Müsliriegel portionieren, nach dem Backen lässt sich der Teig nur noch schwer schneiden.

» Die Riegel etwa 20 Minuten bei 175 °C (Ober- / Unterhitze) im vorgeheizten Backofen backen und dann abkühlen lassen.

VARIANTEN: Die Müsliriegel lassen sich ganz nach den individuellen Geschmacksvorlieben anpassen – zum Beispiel mit **Rosinen** statt Cranberrys. Oder die Sonnenblumenkerne werden ausgetauscht oder reduziert und stattdessen **Nüsse oder Kürbiskerne** ergänzt.

TIPP

Rezept Milchreis mit Karamellsauce aus Kondensmilch:
Milch aufkochen und Milchreis nach Packungsanleitung herstellen. 1 Dose gezuckerte Kondensmilch geschlossen 1 Stunde in einen Topf mit kochendem Wasser geben. Wichtig ist, dass die Dose immer vollständig mit Wasser bedeckt ist! Die so entstehende Karamellsauce eignet sich ideal für Milchreis und ist eine köstliche Abwechslung zum klassischen Milchreis mit Zucker-Zimt-Mischung (4 EL Zucker mit 1 Prise Zimt).

- Zubereitungszeit: 10 Minuten
- Backzeit: 20 Minuten

CHIPS

Selbstgemacht knuspert es sich am besten

Für 4 Portionen als Snack

- 400 g Kartoffeln
- 4 EL Olivenöl
- 1 TL Salz
- 1 TL Paprikapulver edelsüß

» Die Kartoffeln schälen, anschließend mit einem Sparschäler in sehr dünne Scheiben schneiden.

» Das Olivenöl mit den Gewürzen mischen und dann die Kartoffelscheiben darin wenden.

» Die Kartoffelscheiben auf ein mit Backpapier ausgelegtes Backblech legen und bei 140 °C (Ober- / Unterhitze) etwa 60 Minuten im vorgeheizten Backofen backen.

» Zwischendurch die Kartoffelscheiben wenden.

HINWEIS: Durch die offene Backofentür beim Wenden kann Feuchtigkeit entweichen, das macht die Kartoffeln noch knuspriger.

VARIANTE: Geschmacklich lassen sich die Chips individuell variieren – zum Beispiel mit **Curry, Chili, Rosmarin oder Kreuzkümmel** statt Paprikapulver.

- Zubereitungszeit: 10 Minuten
- Backzeit: 60 Minuten

KNUSPER-CRACKER

Gesunder Snack

Für 4 Portionen als Snack

- 30 g Sonnenblumenkerne
- 30 g Mandeln
- 1 Möhre
- 100 g Haferflocken
- 20 g geschrotete Leinsamen
- 2 EL Pflanzenöl
- 1 EL Tomatenmark
- 150 ml Wasser
- ½ TL Salz
- 3 TL getrocknete Kräuter (z. B. Rosmarin, Basilikum, Majoran)

» Die Sonnenblumenkerne und Mandeln mit einem Pürierstab zerkleinern.

» Die Möhre schälen, anschließend raspeln.

» Dann die pürierten und geraspelten Zutaten mit den Haferflocken, Leinsamen, Öl, Tomatenmark und Wasser verrühren. Mit Salz und den Kräutern würzen. Die Mischung etwa 20 Minuten quellen lassen.

» Anschließend die Masse auf einem mit Backpapier ausgelegten Backblech dünn verteilen. Dies geht am besten mit einem Nudelholz. Da der Teig sehr klebrig ist, den Teig mit einer weiteren Lage Backpapier abdecken und erst dann ausrollen.

» Die obere Lage Backpapier entfernen und die Masse bei 160 °C (Ober- / Unterhitze) 30 Minuten im vorgeheizten Backofen backen. Dann den Teig in Stücke schneiden und die Cracker noch 15 Minuten backen, bis sie schön kross sind.

- Zubereitungszeit: 30 Minuten
- Backzeit: 45 Minuten

EINGELEGT & EINGEKOCHT

» EINKOCHEN & EINLEGEN

In meiner Kindheit durfte ich mit einem riesigen Obst- und Gemüsegarten aufwachsen. Im Sommer saßen wir mit drei Generationen im Garten und es wurden gemeinsam eimerweise Kirschen entsteint, Bohnen geschnippelt oder Erbsen „gedöppt", wie es in unserer Region auf Plattdeutsch heißt. Einiges davon landete direkt im Mund. Aus Fallobst wurde Fruchtmus hergestellt, die Erbsen wanderten in den Gefrierschrank, anderes wurde zu Marmeladen und Sirup verarbeitet oder direkt konserviert. Eier wurden nicht bevorratet, sie wurden von den Hühnern täglich frisch gelegt.

NEUE LUST AUF ALTE TRADITIONEN

Viele Jahre war dies nur eine schöne Kindheitserinnerung an das Landleben und nicht mehr in meinem Alltag präsent. Nachdem unsere Kinder aber die selbst hergestellte Marmelade von Oma zur Lieblingsmarmelade erklärt hatten, bin auch ich wieder in die Welt des Einkochens eingestiegen. Ein kleiner Gemüsegarten wurde angelegt, Ausläufer von Obststräuchern und Kräuterpflanzen aus Großelterns Garten angepflanzt und seitdem erfreuen sie uns das ganze Jahr über. Heutzutage ist „homemade" wieder zeitgemäß und einkochen in Zeiten von nachhaltiger, bewusster Ernährung aktueller denn je.

DAS GANZE JAHR ÜBER FRISCHE IM REGAL

Einkochen eignet sich ideal, um Vorräte zu schaffen und saisonales Obst oder Gemüse das ganz Jahr über zu verzehren. Idealerweise im eigenen Garten oder regional angebaut, kann das Obst oder Gemüse direkt verarbeitet werden. Zudem können selbst kreierte Marmeladen oder Chutneys ideal haltbar gemacht werden. Aber auch eingekochte Mahlzeiten aus dem Vorratsschrank sind etwas Feines. Wenn es schnell gehen muss, kann in der glutenfreien Küche selten auf Fertiggerichte zurückgegriffen werden. Mit Eingekochtem ist immer Hausmannskost griff- und einsatzbereit. Kurz erwärmt, steht ruckzuck in wenigen Minuten selbst gekochtes Essen auf dem Tisch. Je nach Vorlieben können unterschiedlichste Mahlzeiten eingekocht werden.

TIPPS UND HINWEISE ZUM EINKOCHEN

Beim Einkochen ist zu beachten, dass sich einige Lebensmittel nicht dafür eignen. Dazu gehören Reis und Nudeln, ebenso stärkehaltige Bindemittel sowie Instantbrühe mit Stärke- oder Hefebestandteilen. Auch Milchprodukte wie Sahne können nicht eingekocht werden. Wichtig beim Einkochen ist immer, dass absolut steril und hygienisch gearbeitet wird. Sowohl die Küchengeräte als auch die Zutaten müssen einwandfrei sein. Zudem unbedingt beachten: Die Einkochzeit gilt immer erst ab dem Zeitpunkt, ab dem das Wasser im Einkochautomat kocht. Statt im Einkochautomat kann auch im Backofen mit einer Fettpfanne eingekocht werden, die analog zum Einkochautomat mit Wasser befüllt wird. Dabei muss man die Temperaturen genau im Blick haben.

Es ist wichtig zu wissen, dass beim Einkochen Botulismus entstehen kann, besonders Gemüse und Fleisch sind gefährdet. Um sich vor Botulismus bei Eingekochtem zu schützen, sollte laut dem Bundeszentrum für Ernährung (BZfE) eingekochtes Gemüse oder Fleisch nach 24–48 Stunden erneut eingekocht werden. Zudem hilft es laut BZfE, wenn Eingekochtes vor dem Verzehr ausreichend erhitzt wird. Dies ist laut Mitteilung auf der Website des BZfE der Fall, wenn das Innere des Lebensmittels mindestens für 5 Minuten bei mehr als 80 °C erhitzt worden ist.

OBST EINKOCHEN

- Obst nach Wahl: Kirschen, Pflaumen, Pfirsiche oder Birnen.
- Je nach Obstsorte das Obst vorbereiten: Kirschen entsteinen; Pflaumen halbieren und entkernen; Pfirsiche schälen, halbieren und entkernen; Birnen schälen, halbieren und entkernen.
- Das jeweilige Obst in ein Einmachglas füllen und mit Wasser auffüllen. Jeweils 1 EL Zucker hinzugeben. Tipp: Bei Birnen zusätzlich eine Zimtstange hineingeben.
- Einmachglas schließen und 30 Minuten bei 90 °C (Kirschen bei 80 °C) im Einkochtopf einkochen.

GEMÜSE EINKOCHEN

- Gemüse nach Wahl: Möhren, Kohlrabi, Stangenbohnen, Erbsen oder Pastinaken.
- Je nach Gemüsesorte das Gemüse vorbereiten: Möhren, Kohlrabi und Pastinaken schälen und in Stücke schneiden, Erbsen aushülsen, bei den Stangenbohnen die Enden abschneiden.
- Das jeweilige Gemüse in ein Einmachglas füllen, mit Wasser auffüllen und jeweils 1 TL Salz hinzugeben.
- Das Einmachglas schließen und im Einkochtopf einkochen (Möhren und Kohlrabi 90 Minuten bei 100 °C; Bohnen, Erbsen und Pastinaken 120 Minuten bei 100 °C).

BOLOGNESE

BOLOGNESESAUCE

Ein Hit aus dem Vorratsschrank

Für 2 Einmachgläser à 500 ml

- 1 Zwiebel
- 1 Möhre
- 2 Stangen Staudensellerie
- 500 g Rinder-Hackfleisch (Bio-Qualität)
- etwas Pflanzenöl
- 500 ml passierte Tomaten
- 3 geschälte, in Stücke geschnittene Tomaten (oder 250 g gehackte Dosentomaten)
- 300 ml Gemüsebrühe
- Salz
- Pfeffer, frisch gemahlen
- 1 TL Zucker
- 1 TL getrockneter Oregano

» Zwiebel, Möhre und Staudensellerie schälen und klein schneiden.

» Das Hackfleisch in etwas Öl krümelig braten. Die Zwiebeln hinzufügen. Sind die Zwiebeln glasig, Möhren und Selleriestücke dazugeben und kurz unterrühren, dann die Tomaten hinzufügen und mit Brühe ablöschen.

» Mit Salz, Pfeffer und Zucker würzen, den Oregano unterrühren und alles etwa 1 Stunde einköcheln lassen. Gegebenenfalls etwas Wasser nachgießen.

» Die Sauce in Einmachgläser füllen und im Einkochtopf 90 Minuten bei 100 °C einkochen.

HINWEIS: Um sich vor Botulismus zu schützen, Gemüse und Fleisch nach 24–48 Stunden erneut einkochen, siehe Seite 101.

- Zubereitungszeit: 75 Minuten
- Einkochzeit: 90 Minuten

MÖHRENEINTOPF

Eine herzhafte Mahlzeit aus dem Vorrat

Für 2 Einmachgläser à 500 ml

- 300 g Möhren
- 400 g Kartoffeln
- 1 kleine Zwiebel
- etwas Pflanzenöl
- 550 ml Wasser
- 2 Mettenden
- Salz
- Pfeffer, frisch gemahlen
- 2 EL gehackte Petersilie

» Möhren und Kartoffeln schälen und klein schneiden. Die Zwiebel schälen und ebenfalls klein schneiden.

» Die Zwiebel in etwas Pflanzenöl andünsten, dann die Möhren und Kartoffeln hinzugeben und kurz umrühren. Mit dem Wasser ablöschen. Die Mettenden dazugeben und die Zutaten garkochen.

» Die Mettenden herausnehmen, in kleine Würfel schneiden und wieder zum Eintopf geben. Mit Salz, Pfeffer und Petersilie würzen.

» Den Eintopf in Einmachgläser füllen und 90 Minuten im Einkochtopf bei 100 °C einkochen.

TIPP

Statt die Mahlzeiten einzukochen können sie natürlich auch direkt verzehrt werden.

- Zubereitungszeit: 40 Minuten
- Einkochzeit: 90 Minuten

KARTOFFELSUPPE

Schön cremig

Für 2 Einmachgläser à 500 ml

- 1 kg Kartoffeln
- 2 Möhren
- 1 Zwiebel
- ½ Porreestange
- etwas Pflanzenöl
- 650 ml Brühe
- Salz
- Pfeffer, frisch gemahlen
- Muskatnuss, gemahlen

» Die Kartoffeln und Möhren schälen und würfeln.

» Die Zwiebel schälen, den Porree putzen und beides würfeln. Anschließend die Zwiebel in etwas Öl andünsten, dann den Porree dazugeben und mitdünsten.

» Die Möhren und Kartoffeln dazugeben und kurz mitbraten, dann mit Brühe ablöschen.

» Alles etwa 30 Minuten kochen, anschließend pürieren und würzen.

» Die Suppe in Einmachgläser geben und im Einkochtopf 90 Minuten bei 100 °C einkochen.

TIPP

Dazu heiße Würstchen aus dem Glas servieren.

- Zubereitungszeit: 50 Minuten
- Einkochzeit: 90 Minuten

PASSIERTE TOMATEN

Konservierter Sommer

Für 2 Einmachgläser à 300 ml

- 1 kg Tomaten
- 1 Prise Salz
- 1 Prise Zucker

» Mit einem Messer Kreuze in die Tomatenschalen ritzen. Anschließend die Tomaten in heißes Wasser legen, die Tomatenschalen abziehen und Tomaten entkernen.

» Die geschälten Tomaten pürieren, mit Salz und Zucker in einen Topf geben und 20 Minuten köcheln. Dann in Einmachgläser füllen und 30 Minuten bei 90 °C im Einkochtopf einkochen.

- Zubereitungszeit: 40 Minuten
- Einkochzeit: 30 Minuten

TOMATENSAUCE

Jederzeit einsatzbereit

Für 3 Einmachgläser à 250 ml

- 1 kg Tomaten
- 2 Zwiebeln
- etwas Pflanzenöl
- getrockneter Oregano
- getrockneter Majoran
- Salz
- Pfeffer, frisch gemahlen

» Stielansätze der Tomaten entfernen, dann die Tomaten würfeln.

» Zwiebeln schälen und klein schneiden.

» Die Zwiebeln in etwas Pflanzenöl andünsten, dann die Tomaten und Kräuter dazugeben und etwa 15 Minuten einköcheln, mit den Gewürzen abschmecken.

» Die Sauce in Einmachgläser füllen und 30 Minuten bei 90 °C im Einkochtopf einkochen.

- Zubereitungszeit: 20 Minuten
- Einkochzeit: 30 Minuten

TIPP

Beim Apfelmus je nach gewünschter Konsistenz etwas mehr Wasser hinzugeben oder vor dem Pürieren etwas Wasser abgießen.

APFELMUS

Selbstgemacht ohne zusätzlichen Zucker

Für 2 Schraubgläser à 250 ml

- 400 g Äpfel (z. B. Boskop oder Braeburn)
- 2 EL frisch ausgepresster Zitronensaft
- 50 ml Wasser

» Die Äpfel schälen, entkernen, in Stücke schneiden, mit Zitronensaft beträufeln und mit dem Wasser in einem Topf etwa 15 Minuten weichkochen.

» Alles mit einem Pürierstab pürieren oder, falls eine stückigere Konsistenz gewünscht ist, mit einem Kartoffelstampfer zerstampfen.

» In sterile Schraubgläser füllen und zügig verschließen.

VARIANTE: Etwas **Zimt** oder etwas Mark einer **Vanilleschote** hinzugeben.

Zubereitungszeit: 30 Minuten

KETCHUP

Selbstgemacht sind alle Zutaten bekannt

Für 150 ml Ketchup

- 1 kleine Zwiebel
- etwas Olivenöl
- 1 Stange Staudensellerie
- 500 g Tomaten
- 1 EL Tomatenmark
- 50 g brauner Zucker
- 1 TL Currypulver (alternativ Chilipulver)
- 20 ml Apfelessig
- ca. 1 TL Salz
- ca. ½ TL Pfeffer, frisch gemahlen

» Die Zwiebel schälen, würfeln und in etwas Öl anbraten.

» Den Staudensellerie schälen, in Stücke schneiden und dazugeben.

» Tomaten entkernen, würfeln und hinzufügen. Alles einige Minuten köcheln lassen. Dann Tomatenmark, Zucker und Curry hinzugeben, noch etwa 10 Minuten kochen.

» Apfelessig hinzugeben, alles pürieren, dann durch ein Sieb geben und das Ketchup weiterkochen, bis die gewünschte Konsistenz erreicht ist. Mit Salz und Pfeffer abschmecken.

Zubereitungszeit: ca. 40 Minuten

TIPP

Hübsch verpackt sind die Gläser ein beliebtes Geschenk aus der Küche.

KÜRBIS SÜSS-SAUER

Als Snack oder Beilage

Für 4 Schraubgläser à 400 ml

- 2 kg Kürbis
- 1 kleines Stück Ingwer (ca. 10 g)
- 1 l Wasser
- 250 ml Weinessig
- 1 kg Zucker

» Den Kürbis schälen und entkernen, das Fruchtfleisch in mundgerechte Stücke schneiden. Den Ingwer schälen und klein schneiden.

» Wasser, Weinessig, Zucker und Ingwer aufkochen, der Zucker muss sich dabei lösen.

» Die Kürbisstücke darin glasig dünsten und dann in Schraubgläser füllen. Den Sud noch einmal aufkochen und darüber gießen. Die Gläser zügig verschließen.

VARIANTE: Eine **Zimtstange** hinzufügen.

Zubereitungszeit: 30 Minuten

APFEL-ZWIEBEL-CHUTNEY

Feine Beilage

Für 3 Gläser à 250 ml

- 500 g Äpfel
- 3 Zwiebeln
- ein kleines Stück Ingwer
- etwas Pflanzenöl
- 125 g brauner Zucker
- 175 ml Weißweinessig
- 1 frisch ausgepresster Zitronensaft
- etwas Pfeffer, frisch gemahlen

» Die Äpfel schälen und in mundgerechte Stücke schneiden. Die Zwiebeln schälen und grob würfeln.

» Den Ingwer schälen und in kleine Stücke schneiden.

» Zwiebel, Apfel und Ingwer in einer Pfanne andünsten.

» Zucker dazugeben, mit Essig ablöschen und alles einköcheln lassen. Mit Zitronensaft und Pfeffer abschmecken.

» Das Chutney zügig in Gläser füllen und verschließen.

Zubereitungszeit: ca. 90 Minuten

MIXED PICKLES

Bunter Mix aus dem Glas

Für 3 Gläser à 250 ml

- 150 g Blumenkohl
- 1 Möhre
- 1 kleine Zucchini
- 1 Paprika
- ½ rote Zwiebel
- 250 ml Weißweinessig
- 1 EL Salz
- 125 g Zucker
- 500 ml Wasser
- 1 TL Senfkörner
- 1 TL schwarzer Pfeffer, grob gemahlen
- 2 Lorbeerblätter

» Den Blumenkohl waschen und in kleine Stücke teilen.

» Die Möhre schälen und in Scheiben schneiden.

» Die Zucchini waschen und in mundgerechte Stücke schneiden.

» Die Paprika waschen, entkernen und in mundgerechte Stücke schneiden.

» Die Zwiebel schälen, vierteln und in grobe Streifen schneiden.

» Den Blumenkohl zur Seite legen, das restliche Gemüse mischen und in Einmachgläser füllen.

» Essig, Salz, Zucker und 500 ml Wasser mit den Gewürzen aufkochen. Den Blumenkohl darin kurz blanchieren, dann den Blumenkohl auf die Gläser verteilen. Den Sud noch einmal aufkochen, über das Gemüse gießen und die Gläser verschließen.

TIPP

Wer Blumenkohl bissfest mag, kann auf das Blanchieren verzichten.

• Zubereitungszeit: 30 Minuten

» KLEINE MARMELADENKUNDE

Marmelade selbst zu kochen ist einfach, schnell und sehr bereichernd! Eigene Geschmacksvorlieben können berücksichtigt werden, regionales Obst, idealerweise sogar aus dem eigenen Garten, kann frisch und vitaminreich verarbeitet und die Zutaten, insbesondere auch der Zuckergehalt, können selbst beeinflusst werden. Und das Beste: die Liebe, die man bei jedem Frühstück aus den eigenen Marmeladen herausschmecken kann. Für die erfolgreiche Herstellung von Marmelade habe ich hier einige Tipps und Infos zusammengestellt.

HYGIENE

Für die Haltbarkeit von Marmeladen ist eine konsequente Küchenhygiene erforderlich. Es ist darauf zu achten, dass alle Utensilien sauber sind, nur einwandfreies Obst verwendet wird und die Marmeladengläser und Deckel steril sind. Das kann z. B. durch Abkochen der Gläser und Deckel in Wasser erreicht werden. Marmeladengläser sollten vollständig bis zum Rand gefüllt und zügig verschlossen werden. Ideal sind Gläser mit Schraubverschluss.

GELIERZUCKER & GELIERPROBE

Es gibt verschiedene Arten von Gelierzucker, die zur Herstellung von Marmelade genutzt werden können. Klassisch wird Gelierzucker im Verhältnis 1:1 (1 Teil Frucht auf 1 Teil Gelierzucker) verwendet. Der Zuckeranteil ist in diesem Fall sehr hoch, wodurch die Gelierfähigkeit und die lange Haltbarkeit der Marmelade gewährleistet sind. Durch den hohen Zuckeranteil ist die Marmelade aber auch sehr süß und schmeckt weniger fruchtig. Wer den Fruchtanteil erhöhen und den Zuckeranteil reduzieren möchte, kann auf Gelierzucker im Verhältnis 2:1 (2 Teile Frucht auf 1 Teil Gelierzucker) zurückgreifen. Der Zuckeranteil ist zu gering, um die Marmelade haltbar zu machen. Deshalb werden dem Gelierzucker Konservierungsstoffe zugefügt. In den folgenden Rezepten wird zugunsten eines höheren Fruchtanteils Gelierzucker im Verhältnis 2:1 (2 Teile Frucht auf 1 Teil Gelierzucker) verwendet. Die Wahl des Gelierzuckers kann jedoch nach eigenen Vorlieben verändert werden, nur die Menge des Gelierzuckers muss dann entsprechend angepasst werden.

Für die Gelierprobe vor dem Abfüllen 1 TL Marmeladenmasse auf einen Teller geben. Wird die Masse fest, hat die Marmelade die richtige Konsistenz. Ist sie flüssig, noch 1 bis 2 Minuten weiterkochen.

HALTBARKEIT

Mit Gelierzucker hergestellte Marmeladen halten bei dunkler Lagerung und einer Temperatur von 15–20 °C laut Verbraucherzentrale mehrere Monate bis zu zwei Jahren.

TIPP

Erdbeer-Bananen-Marmelade:
Warum wir diese fruchtige Kombination noch nicht im Supermarktregal entdeckt haben, ist uns ein Rätsel: 400 g Erdbeeren und 100 g Banane pürieren, mit 1 EL Zitronensaft und 250 g Gelierzucker (2:1) verrühren und aufkochen.

ERDBEER-VANILLE-MARMELADE

Das ganze Jahr über Sommer im Glas

Für ca. 3 Marmeladengläser à 200 ml

- 500 g Erdbeeren
- Mark von ½ Vanilleschote
- 1 EL frisch ausgepresster Zitronensaft
- 250 g Gelierzucker (2:1)

» Die Erdbeeren waschen, das Grün entfernen, anschließend die Erdbeeren mit einem Pürierstab zerkleinern.

» Die Hälfte einer Vanilleschote aufschneiden, das Mark herauskratzen und zu den Erdbeeren geben.

» Den Zitronensaft und den Gelierzucker ebenfalls zu der Masse geben und mit einem Schneebesen verrühren.

» Die Fruchtmasse unter ständigem Rühren sprudelnd aufkochen und nach Packungsanleitung des Gelierzuckers weiterkochen lassen (meist ca. 3 Minuten).

» Marmelade in die Gläser füllen und sofort verschließen.

Zubereitungszeit: 20 Minuten

HIMBEER-GELEE

Ideal für alle, die Aufstriche nicht so süß mögen

Für ca. 2 Marmeladengläser à 200 ml

- 1 kg Himbeeren
- 250 g Wasser
- frisch ausgepresster Saft von ½ Zitrone
- 250 g Gelierzucker (2:1)

» Die Himbeeren zusammen mit dem Wasser in einem Topf etwa 10 Minuten kochen.

» Anschließend den Topfinhalt in ein Sieb geben und den Himbeersaft auffangen. Dies dauert eine Weile, idealerweise wird der Saft über Nacht aufgefangen.

» 450 ml vom aufgefangenen und abgekühlten Himbeersaft abmessen, mit Zitronensaft und Gelierzucker verrühren. Dann alles nach Packungsanleitung des Gelierzuckers ca. 3 Minuten sprudelnd kochen.

» Das Gelee in die Gläser füllen und zügig verschließen.

Zubereitungszeit: 30 Minuten

Apfel-Zimt Gelee
Apfel-Marmelade
Pflaumen-Marmelade

PFLAUMEN-MARMELADE

Am liebsten mit Früchten frisch vom Baum

Für 2 Marmeladengläser à 200 ml

- 450 g entsteinte Pflaumen
- 1 EL frisch ausgepresster Zitronensaft
- 225 g Gelierzucker (2:1)

» Die entsteinten Pflaumen vierteln und pürieren.

» Den Zitronensaft und Gelierzucker unterrühren. Die Fruchtmasse unter ständigem Rühren sprudelnd aufkochen und nach Packungsanleitung des Gelierzuckers weiterkochen lassen (meist ca. 3 Minuten).

» Anschließend die Marmelade in Marmeladengläser füllen und zügig verschließen.

VARIANTE: Etwas Zimt zum pürierten Fruchtfleisch geben.

Zubereitungszeit: 20 Minuten

APFEL-ZIMT-GELEE

Ruck-zuck-Gelee

Für 2 Gläser à 200 ml

- 420 ml naturtrüber Apfelsaft
- 225 g Gelierzucker 2:1
- 1 Prise Zimt

» Den Apfelsaft mit dem Gelierzucker und der Prise Zimt verrühren. Dann den Gelierzucker unterrühren und alles nach Packungsanleitung des Gelierzuckers ca. 3 Minuten sprudelnd kochen.

» Das Gelee in die Gläser füllen und sofort mit einem Deckel verschließen.

Zubereitungszeit: 10 Minuten

APFEL-MARMELADE, STÜCKIG

Mit Zimt wird sie zur Bratapfel-Marmelade

2 Marmeladengläser à 200 ml

300 g Äpfel, entkernt und geschält
100 ml Apfelsaft
200 g Gelierzucker (2:1)

» Die Äpfel in kleine Würfel schneiden, zusammen mit dem Apfelsaft wenige Minuten aufkochen.
» Dann den Gelierzucker unterrühren und alles nach Packungsanleitung des Gelierzuckers ca. 3 Minuten sprudelnd kochen.
» Die Apfelmarmelade direkt in Gläser füllen und zügig verschließen.

Zubereitungszeit: 20 Minuten

BANANEN-BEEREN-MARMELADE

Vorteil homemade: eigene köstliche Kreationen

2 Marmeladengläser à 200 ml

360 g Beerenmischung (z. B. Brombeere, Himbeere, Johannisbeere, Erdbeere)
40 g Banane
4 EL frisch ausgepresster Zitronensaft
200 g Gelierzucker (2:1)

» Die Beeren und die Banane mit einem Pürierstab fein pürieren.
» Zitronensaft und Gelierzucker unterrühren. Die Fruchtmasse unter ständigem Rühren sprudelnd aufkochen und nach Packungsanleitung des Gelierzuckers weiterkochen lassen (meist ca. 3 Minuten).
» Anschließend in Marmeladengläser abfüllen und zügig verschließen.

Zubereitungszeit: 20 Minuten

GESCHENKE AUS DER VORRATS-KAMMER

TIPP

Die Pfanne nach der Zubereitung sofort säubern, den Zucker nicht aushärten lassen.

GEBRANNTE MANDELN

Einfach köstlich

Für 2 Portionen

- 70 g weißer Zucker
- 70 g brauner Zucker
- 100 ml Wasser
- 1 EL Zimt
- 200 g Mandeln

» Zucker und Zimt mit 100 ml Wasser in eine Pfanne geben und verrühren.

» Die Mandeln hinzugeben, unterrühren und die Flüssigkeit bei hoher Temperatur unter Rühren aufkochen, bis der Zucker trocknet. Dann die Temperatur sofort reduzieren, weiter rühren und warten, bis der Zucker wieder schmilzt. Dies ist daran zu erkennen, dass die Mandeln schön glänzend werden.

» Die Mandeln auf einem mit Backpapier ausgelegten Backblech verteilen und trocknen lassen.

GESCHENK-TIPP: Nicht nur die fertigen gebrannten Mandeln sind ein ideales Geschenk, auch als „DIY-Mischung aus dem Glas" sind sie super geeignet: Die Zutaten lassen sich perfekt in ein dekoratives Schraubglas schichten: Abwechselnd weißen Zucker, braunen Zucker, Zimt und Mandeln in ein Glas füllen und das Rezept beilegen.

● Zubereitungszeit: 30 Minuten

BRUCHSCHOKOLADE

Individuelles Mitbringsel

Für 9 Portionen

- 3 Tafeln Schokolade ohne Füllung (idealerweise unterschiedliche Sorten: weiße Schokolade, Vollmilch- und Zartbitterschokolade)
- Dekor nach Wunsch (z. B. Streusel, Schokoladenbonbons, Fruchtgummi)

» Die Schokoladentafeln nebeneinander auf Backpapier legen und für 15 Minuten bei 50 °C (Ober-/Unterhitze) im Backofen zum Schmelzen bringen.

» Anschließend mit einem Holzstäbchen Muster durch die Schokoladen ziehen und so etwas vermischen.

» Die Schokolade mit Dekor nach Wunsch bestreuen und wieder fest werden lassen, dann in Stücke schneiden und genießen oder verschenken.

● Zubereitungszeit: 20 Minuten

TRINKSCHOKOLADE AM STIEL

In heiße Milch tunken oder verschenken

Für ca. 10 Stück

- 150 g Schokoladenkuvertüre
- Dekor (z. B. Streusel, Krokant oder Mini-Marshmallows)
- 10 Holzstäbchen

» Die Kuvertüre in einem Wasserbad schmelzen, dann in Eiswürfelformen verteilen.

» Mit Dekor bestreuen, die Holzstäbchen hineinstecken und fest werden lassen. Anschließend die Schokowürfel herausdrücken.

● Zubereitungszeit: 15 Minuten + Kühlzeit

ZUM WEITERLESEN

Donnermeyer, Anja: **Backen ohne Mehl – Kaffeeklatsch glutenfrei – Torten, Kuchen, Kekse, Cake Pops, Muffins und Co.**
Verlag Eugen Ulmer, 3. Auflage 2024

Donnermeyer, Anja: **Herzhaft backen ohne Mehl – Pizza, Quiche und Co. glutenfrei.**
Verlag Eugen Ulmer, 2018

Donnermeyer, Anja: **Fingerfood glutenfrei – 50 Party-Rezepte ganz ohne Mehl.**
Verlag Eugen Ulmer, 2022

Donnermeyer, Anja: **Glutenfrei kochen und backen für die ganze Familie.**
TRIAS Verlag, 2. Auflage 2022

IM INTERNET

Bundeszentrum für Ernährung (BZfE):
www.bzfe.de

Deutsche Zöliakie Gesellschaft:
www.dzg-online.de

Umfangreiche Informationen zum Einkochen sind dort zu finden:
Verbraucherzentrale: www.verbraucherzentrale.de
Quellenverweis von Seite 101:
https://www.bzfe.de/nachhaltiger-konsum/haltbares-aus-der-eigenen-kueche/einkochen

Umfangreiche Informationen zur Haltbarkeit und Lagerung von Marmeladen und weiteren Lebensmitteln sind dort zu finden:
Quellenverweis von Seite 115:
https://www.verbraucherzentrale.de/wissen/lebensmittel/auswaehlen-zubereiten-aufbewahren/konfituere-und-marmelade-haltbarkeit-und-lagerung-58932
(Artikel Stand 13.05.2022)

ÜBER DIE AUTORIN

Seit der Diagnose Glutenunverträglichkeit zweier Familienmitglieder widmet sich Anja Donnermeyer der unkomplizierten glutenfreien Familienküche und bereichert die glutenfreie Ernährung mit ihren innovativen Rezepten. Zutaten, die im Supermarkt erhältlich und oftmals von Natur aus glutenfrei sind, bilden die Grundlage für ihre Köstlichkeiten. Ihre Erfahrungen teilt sie gerne mit anderen Betroffenen, um auch ihnen den glutenfreien Alltag zu erleichtern.

Neben „Backen ohne Mehl – Kaffeeklatsch glutenfrei“, „Herzhaft backen ohne Mehl – Pizza, Quiche & Co. glutenfrei“, „Fingerfood glutenfrei – 50 Partyrezepte ganz ohne Mehl“ ist „Glutenfreier Genuss auf Vorrat“ ein weiteres Werk von ihr im Eugen Ulmer-Verlag.

Weitere ausgewählte glutenfreie Rezepte teilt sie gerne:
www.instagram.com/anjadonnermeyer

REGISTER

DANK

Die Zusammenarbeit mit dem Eugen Ulmer-Verlag ist jedes Mal eine Freude und ich fühle mich seit dem ersten Moment mit meinen glutenfreien Rezepten bei euch gut aufgehoben. Mittlerweile haben wir bereits das vierte gemeinsame Buch verfasst sowie Übersetzungen für den ausländischen Markt und Neuauflagen auf den Weg gebracht. Immer mit dem Anspruch, mit den eigenen Erfahrungen das glutenfreie Leben anderer Betroffener zu erleichtern und Impulse für eine konsequente, aber unkomplizierte glutenfreie Ernährung zu geben.

Ich sage vielmals DANKE:

- an meine Lieben, die auf so vielfältige Weise Anteil haben
- an eure Gelassenheit, auch das größte Küchenchaos im Schaffensprozess zu ertragen und dass ihr mit anhaltender Begeisterung immer wieder zuverlässig und gewissenhaft testet, kostet und beurteilt
- an meine Wurzeln, die die Grundlage geschaffen haben für eine positive und aktive Herangehensweise und Sicht auf die Dinge
- an mein gesamtes Umfeld, das immer wieder für Inspirationen sorgt
- an den Eugen Ulmer-Verlag mit all den kreativen Menschen, die Anteil an der Herstellung dieses Buchs haben, ganz besonders für die vertrauensvolle Zusammenarbeit mit Jennifer Zajonz, ohne die diese Idee nicht entstanden wäre, und die Unterstützung von Saskia Hoen
- an Heike Schmidt-Röger für die wieder einmal wundervolle, ansprechende bildliche Umsetzung
- an alle Menschen, die sich in der glutenfreien Welt engagieren und das Leben für Betroffene erleichtern

IMPRESSUM

Bildnachweise: Alle Fotos stammen von Heike Schmidt-Röger, mit Ausnahme des folgenden: Anja Donnermeyer: S. 125
Alle Zeichnungen stammen von Iryn/Shutterstock.com.

Die in diesem Buch enthaltenen Empfehlungen und Angaben sind von der Autorin mit größter Sorgfalt zusammengestellt und geprüft worden. Eine Garantie für die Richtigkeit der Angaben kann aber nicht gegeben werden. Autorin und Verlag übernehmen keine Haftung für Schäden und Unfälle. Bitte setzen Sie bei der Anwendung der in diesem Buch enthaltenen Empfehlungen Ihr persönliches Urteilsvermögen ein. Der Verlag Eugen Ulmer ist nicht verantwortlich für die Inhalte der im Buch genannten Websites.

Anmerkung zur Schreibweise (Gendering): Gendergerechtigkeit und Inklusion sind bei uns gelebte Praxis – bei der Auswahl unserer Themen, bei der Recherchearbeit, in der Gestaltung. Unsere Texte meinen alle.

Bibliografische Information der Deutschen Nationalbibliothek: Die Deutsche Nationalbibliothek verzeichnet diese Publikation in der Deutschen Nationalbibliografie; detaillierte bibliografische Daten sind im Internet über http://dnb.d-nb.de abrufbar.

Wollgrasweg 41, 70599 Stuttgart (Hohenheim)
E-Mail: info@ulmer.de
Internet: www.ulmer.de

FSC
www.fsc.org
MIX
Papier | Fördert gute Waldnutzung
FSC® C110508

Konzept: Jennifer Zajonz
Projektleitung: Jennifer Zajonz, Saskia Hoen
Lektorat: Claudia Boss-Teichmann
Herstellung: Isabell Scherrieble
Umschlaggestaltung: siegel konzeption | gestaltung, Stuttgart
Layout und Satz: Antje Warnecke, nordendesign.de
Reproduktion: time:ray, Jettingen
Druck und Bindung: Westermann Druck, Zwickau
Printed in Germany

ISBN 978-3-8186-2081-3